此书为广东外语外贸大学基地重大项目
"在华英文报刊汉学习得文献翻译与研究"
（19JDZD04）成果。

中华文化
国际传播译丛

MALIXUN JIAOYUHUI JISHI

马礼逊教育会纪实
（1835—1848）

王海　张丽冰　辑译

人民出版社

译 丛 前 言

第一次鸦片战争前后在华传教士汉学家创办的英文月刊《中国丛报》（*The Chinese Repository*, 1832—1851），详细记录了道光中后期近二十年中国的政治、经济、文化、宗教等社会状况，不仅是在华外国人传播中国文化的代表性汉学期刊，也成为当时西方世界了解中国社会的主渠道。《中国丛报》作为第一次鸦片战争前后中国社会的记录者与中国文化的评述者，其社会影响与学术价值不言而喻。广东外语外贸大学"中华文化国际传播译丛"选取《中国丛报》在华实用知识传播会、马礼逊教育会与在华汉学家学习汉语的有关论述加以译介，由《在华实用知识传播会史料辑译》《马礼逊教育会纪实（1835—1848）》《汉语学习法：〈中国丛报〉汉学家汉语研究选译》三部译作组成。

1834 年，在华传教士、外国商人和外交官为推动西方科技在华传播，在广州成立了近代中国第一家现代意义的出版机构在华实用知识传播会（The Society for the Diffusion of Useful Knowledge in China）。该机构存在 12 年，提出完整的出版计划，最终出版 7 种有关西方科技、文化的中文书籍和 1 种中文报刊《东西洋考每月统记传》，对于西学传播和中西文化交流产生了重要影响。《在华实用知识传播会史料辑译》将在华实用知识传播会的年度报告和相关出版资料汇成一编，旨在全面反映该组织的成立背景、宗旨、章程、出版策略和出版物内容等，方便读者详细了解该会在推动西学东渐方面的历史作用。

为纪念基督新教在华传教事业的奠基人马礼逊（Robert Morrison, 1782—1834），在华各界外国人于 1836 年组建马礼逊教育会（Morrison Education Society）。根据《马礼逊教育会章程》的阐述，马礼逊教育会旨在通过创办学校促进中国教育事业，在引入西方教育模式和推行启蒙教育方面发挥了开拓性和示范性作用。《中国丛报》刊载的《马礼逊教育会年度报告》详细记录了马礼逊教育会从筹备成立到 1848 年间的活动，包括其日常运作情况、学生的书信文章及图书馆书目等。《马礼逊教育会纪实（1835—1848）》辑译这些报告，旨在呈现马礼逊教育会的发展历程，为相关研究提供较为翔实的史料。

《中国丛报》刊载大量有关汉语研究的文章，详细讨论汉语语法、语用、语义等各方面的特征，呼吁外国人关注并学习汉语。传教士汉学家汉语研究成果的流传为西方汉学的发展奠定了基础。《汉语学习法:〈中国丛报〉汉学家汉语研究选译》选取《中国丛报》中具有代表性的汉语研究篇目进行翻译，根据文章主题分为八章，内容涉及汉语概况、书面语及口语特征、汉字读音、汉字结构、汉语词汇和语法特征及汉语工具书等，较全面地反映了 19 世纪中期汉学家对汉语的认识与研究情况。

译丛每篇文章皆注明出处及作者（依据《中国丛报》索引，*General Index of Subjects Contained in the Twenty Volumes of The Chinese Repository; with an Arranged List of the Articles*，其中未

注明的为作者不详）。原文中部分人名与作品名称并非全称，译者尽量核对后用全名译出或注明。为充分展示原文内容，部分表格直接使用原文截图展示。译文难免有疏漏之处，敬请广大读者与专业人士包涵指正。

　　由海外汉学家开启的传统汉学研究，为东西方文明交流互鉴搭建了一个平台。他们通过译介大量中西方经典文献，推动了两种文化深层次的沟通和理解。需要指出的是，由于特殊的时代背景，《中国丛报》作者群体在译介中国文化和社会状况时带有明显的西方文明优越感和宗教文化偏见，这就需要我们以历史的、辩证的和科学的态度看待其中的某些表述与观点。

译　者

2023 年 5 月

目录

第一章　马礼逊教育会简介与章程　/　001

第二章　马礼逊教育会1837年报告　/　016

第三章　马礼逊教育会1838年报告　/　042

第四章　马礼逊教育会1841年报告　/　066

第五章　马礼逊教育会1842年报告　/　098

第六章　马礼逊教育会1843年报告　/　125

第七章　马礼逊教育会学生书信精选　/　145

第八章　马礼逊教育会1844年报告　/　150

第九章　马礼逊教育会1845年报告　/　178

第十章 马礼逊教育会学生终考范文 / 203

第十一章 马礼逊教育会图书馆书目 / 221

第十二章 马礼逊教育会1846年报告 / 226

第十三章 马礼逊教育会1847年会议 / 249

第十四章 马礼逊教育会1848年报告 / 253

译后记 / 270

第一章　马礼逊教育会简介与章程

第一节　马礼逊教育会筹建计划 [①]

我们的很多读者知道，马礼逊博士（Dr. Robert Morrison）去世不久，关于筹建"马礼逊教育会"（Morrison Education Society）的提议就在广州和澳门传开了：二三十人很快就在筹委会签名登记，同时筹委会募款约 5000 美元。马礼逊教育会筹委会已经成立，负责扩大组建教育会提议的影响力并增加捐款，尽力征询各种方案和建议，以将组建教育会的计划付诸现实。该筹委会将于在华捐款人召开大会并成立教育会董事会之前一直负责组建马礼逊教育会的事宜，马礼逊教育会董事会成立大会将于 1836 年 3 月第一个星期三之前召开。我们在此发表文章，衷心向教育界朋友建议，当务之急是成立在华公共图书馆。我们提出该计划源于以下书信（承蒙裨治文先生的允许，我们刊登此书信内容）：

尊敬的马礼逊教育会筹委会秘书裨治文先生：

　　亲爱的先生——鉴于英国在华商会已经解散，现在有必要

---

① 译自《中国丛报》1835 年 6 月第 4 卷第 2 期第 97—98 页：马礼逊教育会筹建计划。

设置英国在华商会成员享有的图书馆设施；提议所有的图书资料归属马礼逊教育会管理。然而，这种安排还不能满足所有商户的共同需求，部分书籍已安排妥当；令我感到遗憾的是，这么好的提议竟然没有被采纳，但我还是愉快地与大家分享，我渴望将此图书馆奉献于值得尊敬的马礼逊教育会，进而对整个英国在华商会图书事业做出贡献。目前的方案考虑不周，只能搜集到部分图书，我被分配收集价值相对小的书目。尽管如此，我依然把这些书目呈交马礼逊教育会，并热切希望我最终能够看到马礼逊教育会图书馆的成立，而马礼逊教育会俨然成为启蒙时代之标志，同时盼望着在您的关切下通过提升教育所惠泽的美德和幸福而实现教育会行善之初衷。

　　此致

敬礼！

郭雷枢[①]敬上

1835 年 5 月 21 日于澳门

---

① 　郭雷枢（Thomas R. Colledge，1796—1879），英国东印度公司外科医生。1827年在澳门设立眼科医院。1838 年与公理会传教医生伯驾（Peter Parker）、公理会教士裨治文（Elijah Coleman Bridgman）、大英圣书公会代理人李太郭（G. L. Tradescant）和外科医生出身的怡和洋行伙东渣颠（William Jardine）等在广州发起组织中国医药传道会（The Medical Missionary Society in China）。郭雷枢担任该机构会长达 40 年，1879 年在英国去世。他编著了《中国医药传道会》(The Medical Missionary Society in China, with Minutes of Proceedings, Officers, etc. Also an Appendix containing a brief account of an Ophthalmic Instutution at Macao for the Years 1827, 1828, 1829, 1830, 1831, 1832)。

第二节　马礼逊教育会简介 ①

上月（11月）9日经选举产生1836年马礼逊教育会理事会：会长颠地（Lancelot Dent）先生；副会长托马斯·福克斯（Thomas Fox）先生；司库威廉·查顿（William Jardine）先生；通讯员裨治文（E. C. Bridgman）先生；记录员马儒翰（J. Robert Morrison）先生。我们介绍一下他们刚出版的一本小册子——小册子的名称就是这篇文章的题目《马礼逊教育会创建的相关流程与文件，包括该会章程、理事会与成员名单，及其宗旨和机构的说明》(*Proceedings relative to the formation of the Morrison Education Society, including the Constitution, names of the Trustees and members, with remarks explanatory of the object, of the Institution*)，省略了部分内容；我们殷切希望，当马礼逊教育会的宗旨为公众了解之时，它会受到中国朋友的真诚赞同与鼎力支持。

马礼逊博士于1834年8月1日去世后不久，为了纪念这位伟大的在华传教士及其贡献，在华外国人广泛倡议成立马礼逊教育会。系列倡议的提出可以追溯至1835年1月26日。截至2月24日，有22人在倡议书上签名，捐款金额达4860美元，由罗白生（George B. Robinson）爵士、查顿先生、奥立芬（David

---

① 译自《中国丛报》1836年12月第5卷第5期第373—381页：马礼逊教育会创建的相关流程与文件，包括该会章程、理事会与成员名单，及其宗旨和机构的说明。

W. C. Olyphant）先生、颠地先生、马儒翰先生和裨治文牧师等组成的临时委员会成立，旨在制订确保将该教育计划付诸实践的最佳方案。在临时委员会的请求下，司库查顿先生及其怡和洋行充当财务监管，裨治文先生担任通信秘书，其职责行使至马礼逊教育会理事会成立为止。临时委员会立刻发出一则通告，摘录如下：

如果我们把约两个世纪前（17世纪）跟随荷兰东印度公司到访台湾地区的基督徒和教师排除，那么马礼逊博士就是首位来华的基督新教传教士。他的主要工作就是将《圣经》翻译成汉语并为在占世界人口四分之一的中国传播福音奠定基础，而真正的宗教基督教终有一天会传播到全球各地。马礼逊的主要目标是惠及中国民众，他的功绩亦给其他国家和民众带来福祉，尤其是讲英语的国家和民众，他们具有感恩的品质并盼望"到世界各地传播福音"。正如懂得汉语知识给在华外国人带来很大优势一样，掌握英语将给中华帝国的民众带来同样的利益或者更大的好处。为了让中国人获得这些好处，同时为传承马礼逊博士所开创的事业，我们建议创立马礼逊教育会，该机构以马礼逊博士毕生追求的目标为己任，势将成长为一座不朽的丰碑。马礼逊教育会的目标是在中国创办学校并发展教育事业，中国青少年在学校里可以接受与其自身相关的教育，阅读和书写英语；通过学校这样的教育中介，我们引领学生学习各种西方科学与文化知识，在学校里传阅基督教经文与书籍。曾就读于马六甲英华学院（Anglo-Chinese College）的一名中国学生已经迁升至北京并担任清廷的译员。不久的将来，我们的子孙后代将看到，中国人不仅会到欧洲和美国进行商务谈判、文化交流和政治访问，而且他们会摈弃嫌忌、迷信与盲从，加入感恩和信奉真正上帝的基督教信徒的浩荡队伍，我们这代人可能无望见到这一天。

虽然在华传教士部分差会有望取得一定的成绩，但是这与他们所期望的目标相距甚远，我们期待其他国家的开明人士和文化阶层与我们合作。

由于马礼逊教育会筹备者希望得到欧洲和美国朋友的帮助与指导，并增加捐款人及其捐款的数量，所以组建马礼逊教育会的计划直到 1836 年 9 月 28 日才予以公布，当时的公告宣称在广州美国商行 2 号召开会议。

颠地先生作为教育会临时委员会会长，组织召开这次会议，该会议由贝尔先生（Mr. William Bell）倡议，得到格兰将军（Captain Grant）的赞同和支持，会议一致通过托马斯·福克斯先生担任主席，马儒翰先生被任命为会议秘书。

接下来，大会上宣读了临时委员会的几次会议记录、裨治文先生起草的教育会章程及其演讲、临时委员会的意见及解释。

根据临时委员会会议记录，当时教育会账户上有本息资金 5977 美元；教育会已拥有约 1500 册藏书，内容涵盖科学、文学及其他学科，其中约 700 本书由郭雷枢先生捐赠，600 本由黎富恩（John R. Reeves）先生捐赠，其他藏书由颠地先生、托马斯·福克斯先生、马儒翰先生和基廷（Arthur S. Keating）先生捐献。

马礼逊教育会章程几经修改后才被接受；查顿先生提议选举教育会职员的会议延期一个月召开，颠地先生附议。

由于很多成员不在广州，10月26日的会议延期两个星期。

1836年11月9日，托马斯·福克斯先生、胡夏米（Lindsay）先生、因义士（James Innes）先生、奥立芬先生、慕勒（Edmund Moller）先生、黎富恩先生、格林（Green）先生、韦特莫尔先生（William S. Wetmore）、颠地先生、施赖德（John Slade）先生、桑普森（George R. Sampson）先生、查顿先生、海因（Hine）先生和裨治文、伯驾（Parker）和史第芬（Stevens）等牧师根据延会日期重新召开会议；托马斯·福克斯先生担任会议主席，史第芬牧师被任命为会议秘书。

在这次会议上宣读了会议议程记录与马礼逊教育会章程，而整个章程经过几次修改后才被临时委员会成员接受和通过。鉴于教育会章程已被采纳，教育会就进入投票选举职员的程序；之后，教育会理事们审阅临时委员会的记录以及两次会议记录，并提出将其概要与教育会章程结集出版的计划；全体参会者投票通过决议，感谢大会主席托马斯·福克斯先生付出的劳动，而未确定召开马礼逊教育会成立大会的日期。

马礼逊教育会章程

第一条　本机构命名为马礼逊教育会。

第二条　马礼逊教育会旨在以学校和其他方法促进或改善中国教育事业。

第三条　凡一次性捐款不低于25美元或每年认捐不少于

10美元者可以成为会员并享有教育会大会表决权。如果事出有因未能出席会议者，须得到会议准许方可委托他人代理其表决事宜。如果有特殊事故缺席并须以书信形式提请者，须与会议公告一并提出，以便于讨论。

第四条　基金会以捐献、赠予及其他方法筹募，且须在董事会监管下进行。

第五条　教育会事务由董事会全权处理。五人董事必须居住在中国境内。董事选举在每年九月最后一个星期三的会议上进行，以不记名投票形式选举产生。

第六条　董事会主席1人；副主席1人；财务1人；秘书1人；书记1人。

第七条　董事会定于每年二月、四月、六月、八月之第三周周三召开会议，商讨会务。唯须三人出席会议方能生效。

第八条　董事会主席职责：主持教育会大会与董事会会议并履行其职权范畴的其他相关事务。

第九条　董事会副主席职责：当主席缺席时，代行主席主持会议；若正副主席均缺席时，须由财务来处理。

第十条　董事会财务职责：保管教育会银钱并处理日常开支，每年年会须提交收支与库存现金之财务报告。每年年会须选举专门人员稽核财务有关账目。

第十一条　董事会秘书职责：处理教育会日常事务，履行董事会之决议与指导，包括教育会往来书信、招收学生、聘任教师、选用课本等。此外，董事会秘书须保管教育会有关文件。年度报告须提交理事会并征得其同意方可在大会上宣读，在征求马礼逊教育会的同意后方可出版。

第十二条　董事会书记职责：专职负责教育会年会及董事会会议之记录，协助秘书招收学生、聘任教师、选用课本和准备年会报告等工作。

第十三条　本章程若有不妥之处，须予以增订或完善者须经过教育会大会决议。唯有关增订或完善之建议须提前月余提交董事会书面材料，并获得董事会一致通过后方能提交大会决议；如果未获得通过，亦不必延续至下届年会讨论，可以另行召开会议商讨。凡属于增订或者完善章程之建议必须由超过三分之二的会议成员通过，才能被接纳。

附则

第一部分　学生

1.海内外之中国青年，不论年龄、性别，均可获得教育会的赞助而入学堂学习；教育会创办之学堂须在董事会监管下运行。

2.凡6岁、8岁或者10岁儿童，随时可优先入学。

3.经教育会董事会批准并征得父母和监护人同意后，学堂儿童才可能被送往马六甲海峡、印度、欧洲或者美洲，完成其教育之目的。

4.学堂的儿童如果需要的话，可以从教育会获得膳食、住宿、衣服、书籍、学费之供给，但学堂不设奖金，除非捐款人另有书面声明或者经教育会准许。

第二部分　教师

1.只要马礼逊教育会的条件许可，就应该长期聘用从欧洲或者美国来华的教师和导师。

2.具有优秀品质和出众才华的本地教师亦得聘用。

第三部分 课本

1.本学堂为学生教授阅读、写作、算术、地理及其他科学所用的英语和汉语课本应该是最好的教材。

2.本学堂将为学生开设《圣经》课程，学生在教师的指导和帮助下学习《圣经》，这是在最好的基督教会学校里普遍设置的课程；学生对《圣经》教义的接受程度不作为学科资格考核的内容。

3.凡属马礼逊教育会之图书应该藏于一家公共图书馆内，该图书馆被命名为"马礼逊教育会图书馆"。

4.该图书馆应当在马礼逊教育会董事会直接控制下，而董事会将采取其职责范围内所有适当的措施，以便图书馆为所有外国居民和来华访问者服务；如此，他们有必要花费更多的精力来料理这个图书馆，倘若他们并非为此目的来投资和建设图书馆，就不该向公众开放；创建该图书馆的初衷正是如此，在华外国公民愿意为此支付部分费用。

5.图书馆管理章程由董事会批准。该章程将随着系列书籍出版，而出版的图书馆章程将发送给有权利享受教育会及其图书馆优惠的人。

关于马礼逊教育会目标之评论

马礼逊教育会董事会最初就确立了他们现在所承担的责任。首先是探寻上帝的神意，而上帝的恩赐对于教育会初期成功运作和稳定发展是必要的。如果马礼逊教育会成功运行的话，会惠及成千上万的民众，而其有利于社会和民众的功效将延续下去。

这里，董事会将简要陈述其规划和目标。

1.他们将尽快采取措施从美国找到教员，而教员必须是年轻人，有事业心，熟悉教育行业，而且教员本人将毕生致力于伟大的教育事业。

2.他们将从大英教育协会（British and Foreign School Society）开始，极力寻求卓越而优秀的教育机构可能提供的所有帮助和忠告。希望从英国招聘至少一名教员，且这位教员可能与美国的副主教建立了联系。

3.他们将采取措施来确定中国教育的实际状况，调查清楚整个国家的人口中，多少男性和女性能够阅读和书写；他们在什么年龄开始学习；他们接受教育的方式和学习年限；他们受教育的成本、教材等。

4.开展有关移居国外的华人与爱琴海及其岛屿和其他地方华人的教育情况的调查。

5.无论何时何地，只要学堂的年轻学员有需求，董事会将及时提供可靠的帮助。

6.他们认为努力增加捐款者的数量、捐献的数额和捐献的书籍是其职责的一部分。他们个人将接受诸如此类捐赠给教育会的物资；为此，董事会授权以下机构及各位先生联合接受捐赠者的物资：

新加坡A.L.参逊公司（Messrs. A. L. Johnston & Co.,

Singapore）①；

马六甲怡和洋行（Matheson & Co. Calcutta）赖发洛（Lyall）先生；

孟买伯恩洋行（Burn & Co., Bombay）麦克维卡（Macvicar）先生；

伦敦汉基先生（W. A. Hankey, esq., London）；

巴黎弗雷德里克·利奥（Frederick Leo）先生；

纽约同孚洋行（Olyphant & Co., New York）塔尔博特（Talbot）先生。

下面的内容摘自马礼逊教育会于 1836 年 10 月 28 日召开的第一次公开大会上的演讲：

当教育事业沿着正确的方向发展时，它将惠及学生的身体、智力和道德文化三大方面。无论在何地，如果这三个方面需要加强或者存在某种程度缺失的时候，那么这个地方的教育肯定同样有缺失或者被忽视。

每个人来到这个世界时都是无用的，从出生到死亡的整个过程表明，文化和关怀对于个体成长而言是多么的必要。文化教育和关怀呵护不仅培育个人肌体及其平衡能力，而且可能引

① 以英国人参逊（Alexander Robert Johnston）之名命名的公司。参逊又译为亚历山大·罗伯特·约翰斯顿，1833 年参逊担任驻华商务监督律劳卑的私人秘书。1835 年罗宾臣接任商务监督后，参逊任商务监督署秘书兼会计。1839 年参逊担任商务副监督（"副领事"），1841 年 6 月受命主持港英政府。原文中 A. L. Johnston 中的 L. 应该为 R.。

导其头脑和心智朝着正确的目标发展并得以适当培训。但是，婴幼童时期孩子的成长十分依赖家人和周围的环境，世界上任何地方的孩子无一例外，同理一个国家和民族的命运自然并永远受到一代接一代青少年早期教育的影响。

唯有给予我们机会和成熟的途径来教育所有国民，并持续而稳定地实施有效的法律来监管国民及其行为，我们才能确保整个国家的社会道德和民族性格发生更大的转变，而这样的好转非某个时期的军阀及其武力政权、繁荣商业的刺激或者任何其他途径所能生效的。在上帝的恩赐下，现在欧洲、美国或者大清国的命运掌握在谁手上呢？国家和民族的命运基本都掌握在这样一代人手上，而他们的行为方式深受几年前自身见闻与所学知识的影响，指导其教育的少数人引领着这代人。

忽视身体的发育是错误的，而忽略心智道德的培养则大错特错。显然，开设智力和道德层面的适宜课程是必需的，尤其是在上帝恩赐之下开设此类课程意义重大；我们的前进道路被真理神谕照耀，难道我们还会怀疑人类知识会增加，怀疑人们接受正确的教育其心智道德通常会在一定范围内得以提升吗？关于这一点，我们遵奉科学箴言：以科学的方法来培养孩子，当孩子长大成人并逐渐变老时，他不会偏离这个科学方法。

马礼逊教育会的伟大目标之一就是在中国建立学校并改善教学条件，在学校为中国青少年传授英语与汉语的阅读和写作知识，并通过学校及其引进的教学方法教导他们，从而使他们成为聪慧、勤奋、严谨和善良的社会成员，适应各自的生活角色，为同胞和自己的国家履行责任。

鉴于我们对于这里的教育模式知之甚少，我们有充足的理由向马礼逊教育会推荐一项举措。作为教育会所关注的主要目标之一，这项举措可能影响以后学校所有的课程，它并非通过个人的努力来实现。我们所说的举措就是现在对于整个大清国范围内中国人的教育体系进行的彻底的调查。我们渴望确切地了解中国人的教育状况，以便为我们的教育计划提供正确的指导。如果教育会能够完成对于中国现行教育体制的准确而完整的调查——显示中国现行教育体制的缺陷和优势，那么这将是一项了不起的工作。此类知识信息是不可或缺的，我们获得的信息越详尽，我们为实施这个目标所做的准备就越充足。相关研究的缺失或者说研究结果之急需，成为我们实施这项新工作起初阶段遇到的首要困难。

如果我们面前摆放着1500年前的一幅欧洲和中国地图，图上清晰精准地标示每个国家的位置并按照各国拥有的知识和文明程度加以辨识，那么我们根据地图就可以设想中国所拥有的优势，至少在很多方面所具备的优越性。但是，从那个时期以来，世人无法了解中国这个神秘帝国的历史进程。欧洲已经取得稳定的发展和进步，其知识得以快速的积累，超越了世界历史上任何同等时期的知识储量。艺术、科学、文学和宗教等领域的知识某种程度上因自身特质得以传承；宗教和政治领域的众多改革措施，使得我们现在所取得的进步超过以往任何时期。现在，人类与生俱来的权利和义务比之前任何时候都得到更深入的理解，人们更多地认识并拥有了保障身体和心智的必需品和先进设备。但是，在中国，同时期人们的生活状况倒退至很久之前的水平，甚至在为国家生存之命运而感叹。这是为何？难道是人类的心智发展达到了极限？人们的心智再没有提升的空间？人类对此已经做到尽头而无能为力了吗？这里提升人们智力和道德文化的教育模式并非无可挑剔或者沿袭着完全错误的途径？

这些简要的评论不足以表明，大清帝国几乎所有领域都需要广泛的教育；这些陈述表明的事实是：中国极需这种教育上的帮助及其带来的社会进步，而教育会成员希望并规划了这样的教育指导。这样的规划有效吗？这样的帮助能够担负起社会进步的责任吗？这些社会改进能够奏效吗？毋庸置疑，它们是有效的。实施这种教育不会产生立竿见影的效果，但不可避免地会遭遇很多重大困难。用中国谚语来讲，这叫万事开头难。这项事业一旦开启，它就必须进行下去；而这项事业一经付诸实践，教育将扩大其影响；随着教育的扩展及其影响的增大，大清帝国所有子民将从中受益；最终，我们的工作将得以完成。

但是，如果没有中国人的鼎力相助，我们就不敢公布马礼逊教育会理想化的操作方案。既然我们认识到这一点，同时我们享受指导他人所带来的诸多利益，而且中国人对于所需要的丰富多彩的生活和未来生活茫然不知，那么我们有必要犹豫实施这样的规划吗？我们所处的环境和作为文明慈善之人必需的品性，使我们有强烈的责任感来做好这项事业，一旦有机会，我们就要到居所周围的居民中做指导。中国是我们的友邦；人类共同的上帝恩赐于我们的美好生活，同样会恩赐于中国人，上帝恩赐普照众生。

因此，我们可以联合所有力量努力传递人类知识。某种程度而言，我们掌控着实施这项工作的必要途径；如果没有源自清政府的奇怪态度和特性而形成的障碍，我们就能立即召集数十个或数百个穷人家的孩子进入建设完好的学校，并使他们接受良好的教育，从而为这些孩子将来在大清帝国最急需的岗位上发挥作用做好准备；我们所做的事情远不止这些，我们把上帝恩赐的智慧宝库放在这些孩子面前，他们可能成为报告所描述的集真诚、爱心和美德于一身的优秀教师和榜样；如果他们想具备某种值得颂扬的优良行为或者善行，他们需要先学习这些行为，然后传授给他人。

最理想的措施是从欧洲和美国找到两三位年轻人担任讲授科学课程的全职教员。他们要具备裴斯泰洛齐（Pestalozzi）式^①或者兰卡斯特王朝（Lancaster）时期（1399—1461）教师的敬业精神和事业心，赶快来到中国，学会中国人的语言，阅读中国人的书籍，调查中国人的教学模式，将其毕生精力用于在华教育事业。首先，来华外籍教师的大部分时间将用来获取知识，同时教育会可能安排他们照管几位学生，将这些学生培训为其他学生的教员，使他们之后具备担任同样职责的素质。通过这种流程，我们将会看到最有益的结果——中国开启历史上一个新时代，大清帝国成千上万的民众将享受古代君王统治下所无法比拟的幸福和快乐生活。

---

① 海因里希·裴斯泰洛齐（Pestalozzi，1746—1827），瑞士教育学家，提倡实物教学法。

第二章 马礼逊教育会 1837 年报告 [①]

马礼逊教育会于 1837 年 9 月 27 日星期三在广州 2 号美国商行召开首次年度大会。出席会议的有颠地先生、查顿先生、格林先生、黎富恩先生、金先生、特纳先生、波瓦洛少尉（Lt. Boileau）、牧师嘉克先生、牧师裨治文先生、德拉蒙德阁下（Hon. Mr. Drummond）、卫三畏（Samuel W. Williams）先生、慕勒先生、吉尔曼（Gilman）先生、施瓦贝（Schwahe）先生、科克斯（Cox）先生、施赖德先生和马儒翰先生。

教育会会长颠地先生在大会上致开幕词。他说大会秘书将宣读报告，他本人无须再讲具体事项，大会主席团会议议程及教育会管理程序将在报告中具体呈现。主席团其他成员对于促进教育会发展的所有事项均表示诚挚的关心，而迄今为止教育会的主要工作已移交大会秘书处。颠地先生表示他十分荣幸有机会公开发表讲话，他愿意在任何需要的时候为教育会付出自己的精力和才能。教育会第一年一直处于准备阶段，并未真正运作。从设想的宏伟目标来看，他相信大家不会气馁，将继承马礼逊先生的遗志。马礼逊博士毕生助益他人而不计回报，为改善中国民众的生活状况做出了很大贡献。教育会承继马礼逊

---

① 译自《中国丛报》1837 年 9 月第 6 卷第 5 期第 229—244 页：马礼逊教育会 1837 年报告（1837 年 9 月 27 日广州大会上宣读）。

先生之美名而建立，我们向先生做出的努力致敬。

教育会会长致辞完毕，邀请众人听取报告。随后由裨治文先生宣读报告。

马礼逊教育会第一次年度报告

首先培养一批能说汉语和自编教材的教师；马礼逊教育会学校已拥有 5 名学生，其中 4 名学生既学英文又学中文；郭实猎夫人（Mrs. Gützlaff）在澳门收留了 20 个孩子，用教育会的资金开办了一所学校，给学生实施英国小学的教育，让他们学习英文阅读和中文书写；教育会为中国学生提供奖学金，让他们接受高等教育；马礼逊教育会还向国外人士解答有关中国的教育问题。

录取优秀学生、探索教学方法并聘用具备教学资质的教师，构成伟大的教育事业的三个独立部门，而每个部门都要求其管理者付出长久的关注和努力。只有审慎选择教员，招聘阅历丰富且能够被录用的优秀教师，我们的每个教学部门才能达到预期要求。我们迫切希望将所有先决条件有效地整合起来，即使在世界上最为开化的文明地区及其优良环境下，我们尚未实现理想化的教育资源整合。最好的教育方式是什么？尤其是孩子们应该在什么年龄开始接受教育、学习的时间、使用的教材等，这是我们亟待解决的问题。当人们开始面对生活时，他们必须改掉起初教育中的陋习，这一点十分必要。在整个中国，教育严重缺失，而且在有限的教育中还存在许多不足。在华从事教育事业的朋友们身负双重的责任，他们必须改善目前的教育状况，同时提供社会所需要的教育。这里就像印度一样，"我们必须了解在教育缺失甚至完全被忽视的地区人们的文盲和无知程度，就像我们必须了解在略微重视教育的地区知识的普及程度一样"。

根据上述观点和教育会成立时所制订的计划，理事们现在报告所完成的工作及其成果：教育会在录取学生、选聘教师和教学方法方面进展不快，更多的工作在于确保我们的事业对改善生活条件与促进教育发展带来的影响，如今这些都是中国人急需的。

在 1837 年 1 月 18 日第一次大会上，会议主持人宣读并通过两份事先拟定的信函。会后不久，其中一封信函寄送给与美国历史最悠久的学校之一耶鲁大学保持长期联系的文学绅士们，另一封寄给大英教育协会的秘书。

第一封信的目的旨在立即寻找一名教师。理事们期待一名青年男教师直接来华并全身心投入教育。教育会将为这位来华教师提供丰厚的报酬，并保证教师在这里享受食宿及其他便利，以便他完成教育会的工作。我们预计，来这里的教师需要先学四五年的基础汉语，然后花费四五年时间提高汉语水平，同时他需要教管少量学生。

此次招聘的教师，应该能用本土语言做口头讲解，还能准备一些初级读本。目前还没有此类教材，我们特别需要。为完成这一计划，教育会将培养一批本地教师。此项任务既重要又艰巨，我们需要优秀的外籍教师助我们一臂之力。没有外教的帮助，我们不会取得进展，也无法促进中国教育的发展。因此，理事们希望尽快找到一位这样的教师。也许，刚开始工作会遇到困难，但教育会将顶着压力，不断探寻，直至找到适宜的路径为止。

教育会理事们在给大英教育协会的信函中表达，希望教育会学校至少招聘一名英国教师与一名美国教师加盟此项教育事业。他们想知道，理事们能否立即采取措施，任命一名教师并不遗余力地支持他来中国。我们明白，马礼逊教育会高尚的董事们希望抓住所有机会来发展教育，他们也希望几年内通过各种途径来普及教育领域各学科知识，因此我们毫不犹豫地向他们展示了我们的计划，并真诚地征求他们的意见。

明年初，大英教育协会才能回信。考虑到教育和培养本地教师的重要性，理事们将就此议题在大会上征求各委员的看法。

现在教育会资助 5 名男生，其中 4 名学生在学习中文和英文。另一名 6 岁的男孩因其自身条件的限制当年只能学习汉语的入门知识，但是就教育会提供的条件而言，学校恐怕不能继续供养这个男孩和另一个男孩在校学习。

我们名单上的第一个男孩曾经是个乞丐，他被父母兄长抛弃，混迹街头巷尾，没有食物和衣服，更没有住所。在被遗弃的日子，这个男孩憔悴而虚弱，只有接受医治才能康复。这个地区有很多这样的孩子，除非慈善机构收养他们并为其传授知识，否则他们的结局就是在未成年前饥病致死。

名单中有两名孩子是新加坡人，还有三位是广东人。理事们希望这些孩子继续接受教育，直到他们做好准备而积极面对人生。我们不仅期待他们成长，获得一技之长，还希望他们勤勉治学，赢得自己的一片天地。如果可能的话，我们希望他们成为教师，这样他们不仅能养活自己还可以使他人受益。

在郭实猎夫人倡导下，一所学校在澳门创办起来，这所学校招收了一批学童。马礼逊教育会给郭实猎夫人提供了些许资助，资助的金额届时会在财务报表中展示。根据最近的记录，这所学校有 20 名学童，郭实猎夫人几天前刚签收了教育会资助的这笔钱。由于这些孩子基本处于英国小学生的年龄段，所以他们接受统一的教学与几乎相同的课程，一名当地教师附带给他们讲授中文阅读与写作。英文写作课由一名葡萄牙籍教师讲授。

妇女联谊会（Ladies Association）致力于推进印度与东亚女性教育，该联谊会于 1835 年 9 月 30 日资助创建郭实猎夫人管理的学校。这所学校首届招收 12 名女生，2 名男生。学生数量有波动，平常的学生数量在 15 名到 25 名，有时更多，平均有 20 人。学校无偿给学生提供衣服、文具、课桌与住所。这所学校的运作模式尤其是选取学生的方式与教育会理事们的期望有所出入。这里应当指出，办学过程中郭实猎夫人曾遇到巨大的困难，但是她已经很好地解决了这些难题，因为她是一位坚毅的女士。我们相信，进一步的教学经验会提高和完善这种教学模式，由此证明，教育会提供的支持会延伸到类似领域，这亦是教育会的目标之一。

在教育会目前的起步阶段，我们应该尽快弄清楚中国的教育现状，包括境内和境外的教育情况，以便我们明白自己该做些什么。朝廷旨在提高执政能力所依赖的高等教育是由系列律法规定的，这也是我们应首先提供给公众的精华内容。学生的奖学金通过规定的定期考试决定，其中一项考试设在中国每个省份的主要城市，每次都有超过 10 万名考生参加。然而，我们目前主要着眼于基础教育。这个主题具有重要意义，涉及几方面的调查。

关注这项调查并努力展开调查的人，自然明白在中国获取及时而准确的调查数据是何等艰难。整个调查领域已超出我们个人的调查范围和能力。我们的信息来源除自身的局限外，一般的信息源也不太可靠。大清帝国表面上是统一的国家，然而正所谓南橘北枳，在某个地区正确的举措转移到另一地区也许完全不适用。因此，目前我们必须弄清楚很多不确定的细节，期待将来的调查研究来证实我们的说法或者依据掌握的事实来修正我们的陈述。

为形成完整工作思路并清晰地了解所有的信息，我们将调查划分为以下 18 个主题，并根据所收集的信息逐一列出具体数据：

1. 大清帝国人口

根据大清国的人口数据，1812 年大清帝国总人口为 362447183 人，其中 360279897 人为 18 省人口总数。以每省平均人口来计算，广东省人口应为 20015550 人。但是，1812 年人口普查数据显示，该省总人口为 19174030 人。因此，按照中国人自己的人口划分，广东省属于人口中等省份。广东省设 15 府，细分为 18 个区，广州府（广东省城）涵括其中 14 个区。这 14 个区中南海县、番禺县、东莞县、顺德县、香山县、新会县离我们最近，因此我们的调查主要集中在这6个县。就面积而言，这些县城的大小和新旧英格兰城镇相似。南海县和番禺县隶属于广州，在这两个县的大部分区域，居民将居住的社区称作"行"，在行政区域划分上相当于欧洲国家的教区或者镇区。在我们能确定的范围内，整个帝国不管城市还是乡镇，人们总爱比邻而居，四周有城墙围绕。城市基本如此，乡镇也很常见。因此，就像他们自己所说，王朝有都城，各省有省府，地区有中心城镇。人们就聚居在这些城市中心城镇的"行"中。南海县有180个"行"，我们就居住在其中一个行里。从我们掌握的数据看，每个城镇的居民人数从200人到10万人不等。通常情况下，每座城镇的居民人数范围一般在几百人到三四千人。在所有这些地区，家庭组成、宗教信徒人数又因地区不同而千差万别。弄清楚中国人口的确切数字谈何容易！

2. 人口阶层

在古代，居民被分为四个阶层，分别为士、农、工、商。某种层面上，这种划分至今仍然存在，只不过出现了更细的划分。除政府官员外，致仕和乡绅也是备受尊敬且影响力较大的阶层。致仕包括年龄在60岁或者60岁以上的所有"退休官员"，乡绅则是本地公务管理者，这些公务不属于政府官员管辖范围。普通百姓仅次于这两个体面阶层，他们依据各自职业划分为务农者、园丁、渔夫、各类手工艺者和商人等。最底层的是外地人、原始部落族群和流浪汉。这些底层及部分普通民众从未接受过任何教育。

3. 男女比例

迄今为止，我们收到关于男女比例的资料较少，由此总结而来的一般信息尚不成熟。据说，本地 95% 的男性已婚，众所周知，这里的一夫多妻家庭屡见不鲜。但是，根据目前我们调查所知，男性人数超过了女性。我们在未来的调查中需要铭记于心，没有中国女性移居国外。某种程度上，这解释了为什么在一些地方女性人口较多，因为许多男性移居国外。为获得说明这一情况的准确数据，当地的一位朋友进行了以下简单调查："记录某个人（调查所在地）的名字，标记他的住址、年龄、夫人数。有了这些附加信息，这个人的数据才值得研究。"

4. 各类学堂

在中国，学堂类型千差万别。据估计，中国古代私塾分类太过复杂，只存在于书本中。现代学校，不管高等或初等，公立或私立，都随环境、学生与社会需求的变化发生极大改变。政府一直对初等学校与更高级别学校施加影响，但是其影响程度与效果有待考证。

5. 男性识字人口

南海县人因其文学素养而备受关注。除务农者、园丁、渔夫与樵夫，以及先前阶层分类排除的人之外，这里几乎所有男性都识字，其中十之二三的人将仕途功名视作生命。在其他地区，识字男性不超过十之四五，终生致力于功名的仅有一两人。

6. 女性识字人口

女性中总有些识字的，但目前识字女性相当少，在一般女性中或许找不出一位识字的。某些地方识字女性人数相对多些，一些地方或许更少。我们在广东人口最多的地区开办几所学校，这些学校接受马礼逊教育会董事会的监管。这些学校的学生人数一般是 10—40 人。这种现象让我们欣喜，也应该被记录下来。

7.学生入学年龄

在古代中国，男孩一般从 8 岁开始接受初等教育，15 岁便能学习更高级的课程。现在学童一般在 7 岁或 8 岁入学，没有学期或学季之分，中途会有一些较长的假期，如新年假期将休课两三个月。家长定会选择某个良辰吉日送孩子进学堂。

8.基础课本

学堂给孩子们选择的基础课本有《诗经》和部分四书五经。女孩子也有合适的专门课程。这些书籍的内容包括许多道德格言和先贤语录，还有神秘教义和史实。然而，这些初级读本中并未出现与"科学"（姑且这样称呼）相关的内容。这些书籍自始至终都不适合孩子们的思想教育，且大部分内容晦涩难懂，完全不能提供合适的主题来启迪心智和扩展视野。

9.教学方式

毫无疑问，教学方式根据课本性质和类型进行调整。学生进入课堂，便模仿教师讲述的内容开始学习。老师诵读后，学生跟着念，并尽可能完美模仿老师的做派。一旦学生能念好几行或者几个句子，就坐下来重复诵读，直到能熟读并背诵这些语句。背诵的时候，书背在身后，一字不落地复述下来。当学生能背诵许多书本之后，他们就开始学习写字。学生写字用的纸极薄，将优秀拓本垫在纸下，用毛笔一笔一画描摹字迹，写出一份新摹本。这样经过一两年的描摹，当学生能认识几百种字形或认识上千个字时，老师就会开设释义课，对学生反复背诵并熟记的内容逐字逐句进行讲解。

10. 在校时间

各类私塾学生的入学时间存在明显差异。那些毕生追求功名的太学生会在合适年龄入学，经久治学，中途鲜有停顿，直到他们获得所追求的最高荣誉。如果顺利的话，他们首先会通过定期举办的"乡试"，其学历相当于文学学士；然后，通过"科举"，相当于文学硕士，再通过更高级的"殿试"，最后通过"翰林"考试，这相当于或高于博士学位。基础教育的主要课程大约需要五六年，甚至七年时间才能学完，但有些课程仅需要几个月，至多一两年。大户人家一般给自己的孩子提供选择余地，如果孩子愿意，他们就可以追逐功名。一般而言，条件稍好的家庭都尽量给孩子提供帮助。但是，由于条件限制，大部分贫苦人家无法给孩子提供上学堂的机会或者无力负担两三年的学习费用。

11. 学习时间

根据季节更替及其他突发情况，学堂会相应调整学生的学习时间。根据我们的观察，学生日常作息如此安排：日出开始，学习到上午十时，接着一小时早饭时间。用过早餐，学生继续学习，直到下午四五点钟，散学回家吃晚饭。在夏季较为炎热的几个月里，学生有时候并不上课。但冬季一般会有晚间课程，从傍晚点上洋油灯开始到晚间九点。每天的学习内容稍有变化。

学生总是读同一本书，有时他们从早学到晚一直学习同一门课程。只有复习之前所学课程或用毛笔练习写作时，学生才能稍微放松。

12. 课室

京城的几处学堂与各省城的高等学府均归政府所有，其中半数用作贡院。但是，目前未听说政府提供任何房舍或学堂用于初等教育的。在乡下，每个村庄都有自己的学堂。有些寺庙，尤其专用于祭祖的寺庙，常被征用为学堂，搬运暹罗贡品的轿夫的聚居地附近就有这样一座寺庙。整座学堂 22 英尺长，18英尺高，今年学堂已招收 32 名 7 岁至 17 岁的男学生。学生们的座位均为随意编排，并不按序就座，年长与年少学生的座位混杂起来。每位学生都有自己的课桌，约 3 英尺长，1.5 英尺宽，配有抽屉与写字板。学生坐在竹凳上，大部分学生都面朝老师。而老师坐在教室角落的高椅上。右侧有一个祭台，上面供奉着孔子和汉字发明者仓颉的画像。整体而言，课室显得十分破旧，空间狭窄而拥挤，室内光线昏暗，地面低洼不平。幸好学生们的忍耐力强，穿得干净整洁。他们学习上进，大声朗读，比赛式地将嗓音拔得老高。每个人都坐在自己座位上背诵课文，或上前背给老师听。老师的年龄约三十有四，可谓德高望重。

13. 在校学生人数与品质

普通学堂的学生人数约 10 人到 15 人，私塾的人数相对少些，一般情况下 1 名老师负责的学生为 2 人、3 人或 4 人。规模大些的学堂或高等学府，在校学生有时有上百人。至于学生性格，鉴于目前我们掌握的数据不够全面，因而不能得出较为准确的结论。但在我们看来，以下两点还是具有一定可靠性的：第一，中国学生和欧洲学生一样，都有与生俱来的能力。第二，就智力开发而言，中国学生远不如欧洲学生。其中原因部分是教材性质使然，另一部分则是教学方式的问题。

14. 教师资质

教师令人尊敬，主要是由于其职业性质，而不是教师资质或教学内容。很少有人主动选择当教师，他们往往是在找不到其他职业岗位时不得已做了教书匠。在普通学堂里，大部分教师都是在考取功名道路上失败的人。他们在接二连三的科考中败北，又因年龄渐长不适合经商，也无法从事相关的体力劳动，只能选择教育事业。而教书这一职业仅需他们投入耐心和管理手段即可。科考不畅的学士们在选择教书的过程中，似乎很少考虑教师资质的问题。除了在讲授第一次阅读课时对学生稍作提点，并在之后听他们背诵是否与原文一致，教师的角色只是一名监督者，努力完成分内差事就万事大吉。

15. 教师薪资

教师薪资很大程度取决于学生数量及其家庭经济条件。一所 20 个男生的学堂，教师平均每月 1 美元收入已算很高的报酬。一般情况下，他们每月收入不超过 1.5 美元，不低于 2/3 美元。有些学堂，学生每年学费约两三美元。而有些私塾，每年学费可能是 1 美元、2 美元、3 美元，有时候更多，高达上百美元。在学生入学时或平日在校时，家长或学生会送给教师一些小礼物，一般是食物。

16. 考试

初等学堂的考试似乎并不正式，也不频繁。教师为了测验学生所记内容才组织仅有的考试。我们不知道家长或朋友是否到访过学堂。政府会安排一些考试来测试学生的能力。

17. 奖励

学堂经常给予学生奖励，但一般情况下这样的奖励没有什么价值或影响。奖品通常是文房四宝，如毛笔、纸张、墨水、砚石等，有时候会奖励金银钱币。

18. 惩罚

在中国传统学堂中，教师对学生的惩罚司空见惯且较为严厉。迟到、规定时间内掌握不了功课或行为不端等，都容易遭到惩罚。惩罚方式一般是口头惩戒、处罚或退学。然而，我们无法确定教师惩罚学生的频率和程度。家长倒希望教师严厉对待孩子，他们似乎只担心孩子能否对得起所交学费。悬挂在教师座椅附近的藤条和竹条就是常用的训诫工具——戒尺。教师有时会当着全班学生的面使用戒尺惩戒犯错的学生，以示学堂和教师的权威性，但一般是私下或在另一间房里或等其他学生都散学后，教师才对犯错学生实施处罚和训诫。如果这两种惩罚收效甚微，就只能将学生作退学处理。

我们现在给出了中国教育现状的一些细节（不考虑局限性因素）。第一次董事会一致同意向马尼拉、巴达维亚、槟城、马六甲、新加坡与曼谷的男性居民发送一则通告，其中包括系列调查问卷。我们再详细展示问卷，以期收到进一步的信息。调查问卷如下：

（1）在街道、村庄、街区、城镇、城市、省府等指定调查点，男女人口比例是多少？

（2）其中有多少人识字？

（3）多少人能写字？

（4）孩子们何时开始学习读书写字？

（5）教育方式是什么？

（6）学生每年学费是多少？

（7）学生在校学习多长时间？

（8）教师月薪或年薪是多少？

（9）以何种方式何时发放教师薪资？

（10）教师的责任是什么？

（11）学堂的惩罚有哪些？惩罚至何种程度？

（12）是否给学生奖励？

（13）如果有奖励，奖品是什么？奖励有何影响？

（14）学生每天的学习时间如何安排？

（15）学生以何种方式背诵？

（16）学期或者学年结束时，学生以何种形式考试？

（17）课室怎样安排？

（18）每间课室多少学生？

（19）学生座位怎样安排？

（20）使用什么教材？

（21）教育体制是否存在缺陷？

（22）教学系统能否有所改进？如果能改进，改进什么？怎样改进？

我们收到从巴达维亚①寄来的一封中文信函与一份简讯。这份简讯摘录自政府关于人口的复件，记录了巴达维亚的中国居民的数量。

上文已说过一个事实，没有来自中国的女性移民，我们应该记住这一点。但是，中国男性移民与群岛当地人通婚对中国人的习性产生何等影响，我们目前无法证实。过去四年居住在巴达维亚的中国居民人数如下：

年份	男人	妇女	男孩	女孩	总计
1833	11370	9424	5906	5160	31860
1834	12333	9751	5901	5604	33589
1835	11843	9324	6119	5226	32512
1836	12363	9818	6545	5823	34549

我们并不知道每年来巴达维亚做生意的商人是否包括在内，或许这项统计数字没有包括这些商人。

来函的信息想必是写信人花费心思收集而来，我们对整个信函内容进行粗略的翻译。

收到对巴达维亚华人数量进行调查的指令后，我们立即采取行动，仔细打探详情。经查证，男人约12000人，妇女约9000人，男童约6000人，女童约5000人，共计32000人。但是，这份数据只调查了巴达维亚的居民人数，并不包括乡村山区的居民，我们无法确定这部分人的数量。虽然巴达维亚华

———————————

① 巴达维亚指今印度尼西亚首都雅加达。

人众多，但是很少人识字，可能十人中才有一个识字的。如果想从中获聘教师，估计这里所有中国人中仅有几十人可以胜任。

部分人忽视教育的原因是他们懒惰且厌恶学习，这直接导致其愚蠢而盲目的言行。另一个原因则是贫穷，孩子们很小就开始帮助父母为生计而工作，因此他们根本没有学习时间。可以推断，女孩永远都不会去学习识字。

我们增添对巴达维亚华人教育的回复，希望能从中管窥华人的教育状况。

中国男童每年在巴达维亚读书的费用是多少？这要视具体情况而定。家长都希望优秀的教师指导自家的孩子，富裕家庭为此每年花费 30 美元到 100 美元不等。但是，穷人家的孩子每年的教育花费不会超过 22 美元。在有些年份他们只付 11 美元学费，更多时候都是如此，没有规律可循。

怎样安排日常学习？学生每天 5 点钟进课室"攻书"并在教师面前背诵；这些功课完成后上一堂课，然后学习到 7 点半；7 点半到 8 点是早饭时间；8 点回课室温习书本；10 点再背诵课文并上新课；之后一直写字到午饭时间；饭后 1 点返回课室，有时候继续写字，有时候教师上一堂解析课，对背写内容加以讲解；2 点半至 4 点半温习课本；接着学生背诵课文，然后上另一堂课以供晚上学习；5 点半一天的学习结束。

教师的酬劳如何？有的年份年薪为 1000 美元，有时可能是 600、800 或者 900 美元。教师的最低年薪是 400 美元。

学堂会给予学生奖励吗？是否有惩罚？有奖励，但不奖励金钱。有时候，学生文章写得好，教师很满意，就会奖励学生一些纸张笔墨。当学生犯错时，教师会用竹条制成的戒尺敲打学生的手心，敦促他们改正错误。

学生参加考试吗？有时教师会测试学生写诗的能力，但没有类似大众文学的考试。

学堂一般有多少学生？学生座位怎样安排？人数一般在10人到30人，有时候根据年龄坐成两列，但通常学生不会按照年龄排序就座。

学堂有何重要仪式？使用什么教材？学生进入课室时，首先须向孔子像鞠躬，然后向教师作揖，随后就径直去座位上学习。巴达维亚的学校使用的教材一般是加注的四书五经及其他古籍。

相对于巴达维亚而言，槟城是另一番景象。根据1836年7月的人口普查，槟城的中国人为8933人，韦尔斯利省只有2295人。实际人口远不止如此。大部分居民来自福建，而大部分商人来自广东及其附近地区。我们的调查员描述了槟城中国居民教育的悲惨现状。他说，许多识字不多的男性往往不理解常见汉字的含义。除在近期成立的学校念书的少数女孩之外，几乎没有女性识字；"在槟城，女性的现行教育体系基本没有效果。至少这是我的拙见"。他继续提供了更多教育方面的情况，内容跟巴达维亚相差不大。我们又增加了一些调查细节。孩子们一般在6岁到12岁入学，接受本国的普通课程。最富有的家庭将孩子们送到中国完成学业。教师薪资比巴达维亚低得多，通常每年只有 20 新卢比（约 10 美元）。

从马六甲发来两份文件，其中一份未收到，另一份主要是第一份文件的补充。我们从中了解到一些信息。文件里似乎专门提到了近期外国人创办的初等学校。

马六甲有很多中国人，男女比例约是 4 : 1。其中大部分男性识字并会书写。学童一般五六岁入学，接受询问和答疑互动式教育，每年学费为 8 美元。学生一般学习七八年。学校依据教师教授的学生人数而按月发放薪资。如有 20 多名学生，则每月 8 美元，每增加 1 名学生多 1 美元。

学校一般给学生奖励书籍、衣服、金钱等，效果很好。校方会使用公开批评、关禁闭、处罚甚至开除等方式来惩罚学生的不端行为。学生每周都有考试，测试内容为课堂所学。期末照例进行考试。学校一般有 30 名到 70 名学生，分别安排在不同班级。教材通常是语句通俗易懂的基督教书籍和中国典籍。

目前尚未收到来自新加坡、曼谷与马尼拉有关学校的信息。但是，我们相信很快就能收到具体详情。

我们现将收集的所有值得留意的信息呈交教育会。然而，只有收集更多信息，我们才能获得更加满意的调查结果。此项调查是可行的，因此我们将继续扩大调查范围，直到完全查清每个主题并很好地理解。

我们摘录马礼逊博士去世前几个月的私人信件作为这部分报告的结尾：

在中国，穷人家的女子都不识字，而富裕人家的某些女子能识文断字。对她们来说，传统教育并不合适。中国小说经常写得很糟糕，没法阅读，因此对她们而言，不上学堂也并不算太大损失。然而，识字并可以写家书是很有用的生存技能，一些中国书籍甚至能开阔读者的视野，但几百万的女性目前几乎都不识字。一些女性可能学习了书本知识，另一些女眷往往学做针线和家务活。普通人中总有些例外，偶尔能在她们中间找到精通古典文学的女子，还有些女子能作诗。原两广总督（现朝廷内阁大臣）就有个学识渊博的女儿①，但她近期过世了。她去世后，知府大人公开了她创作的 100 首诗。

今年图书馆收藏了许多图书，独辟一间房来存放这些藏书，图书馆还准备通过各种途径对公众开放，只等图书目录印制完毕，就能实施这项计划。除图书目录等制度外，图书馆还要制定开放条款等规章。

图书馆藏书总量已达 2310 册，均呈递教育会。郭雷枢先生树立了榜样，里夫斯先生紧随其后，两位先生捐赠大量图书，这些书籍正式归东印度公司商行会员所有。其他捐赠者包括颠地先生、福克斯先生、布雷金先生、马儒翰先生等。具体名单如下：

---

① 此处指阮元（1764—1849）及其女儿阮安（1802—1821）。阮安，字孔静，清代女诗人，著有《百梅吟馆诗》一卷。

捐赠人	捐赠数量（册）
郭雷枢先生	685
里夫斯先生	655
颠地先生	45
福克斯先生	6
布雷金先生	92
裨治文牧师	46
斯蒂文斯牧师	28
麦都思牧师	2
马儒翰先生	709
慕勒先生	2
因义士先生	20
基廷先生	20
总计	2310

现在收录的图书不久就会统一检索，编入图书目录。图书馆已经收到许多捐献者的慷慨捐助，想必将来会有更多捐赠，尤其是与中国相关的书籍以及用作参考教材的正式出版物。

教育会设计了如此美好而宏伟的目标，对未来作了细致规划，理事们充满自信，对未来满怀希望。我们相信，如有需求，教育会成员及海外朋友会提供一切必要的协助。教育会目前开支虽小，但随着规模扩大，花费必然不断增加。届时报告会将充分陈述教育会已完成事宜与未来需求，并考虑呈报教育会之权利要求。

报告宣读完毕后，会长向大会解释，因上次会议任命的两名审计员缺席，理事们请求格林先生和科克斯先生临时代替其职。由里夫斯先生提议，慕勒先生附议，一致通过决议："理事会临时委任的审计员，由本次大会确认通过。"

随后理事们讨论并确认报告中提及的另外两个主题。波瓦洛少尉就在印度开办学校进行主题发言，他热情地表示，当他回到孟加拉之后，便会与秘书详谈具体事宜，可他后来并没有这么做。

接着，牧师伯驾医生提议，里夫斯先生附议，一致通过决议："现宣读报告已获准通过。"

大会就学校事宜展开进一步讨论。有人提出异议并再三追问，在广东和澳门开办的学校是否应该招聘本地教师，因为现在聘任的本地教师效果不佳。

为强调此异议，大病初愈的伯驾医生起身发言：

会长先生，我想在此表达个人肺腑之言。我需要支持而不是偏见。我需要大家铭记某些事实。教育会经办过程中正在暴露自身的缺陷，因为它不能立竿见影地显示其劳动成果。但是，我们应看到现在特殊的环境。世界上从未有任何机构与它一样命运多舛，创立之初就遇到如此多的障碍。在成功运作之前，教育会需要进行大量准备工作。首先，教育会必须穿越半个地球来寻找教师；其次，用报告中的话来说，"必须花费四五年时间来熟练运用汉语"，之后才能有效地工作。这听起来就让人沮丧，但这是个普遍规律，你唯有付出，才能有所收获。教育会的目标远大，只有根基深厚才能支撑起她所希望建立的摩天大楼。深谋远虑、踏实沉稳、坚忍不拔，这些缺一不可。只有奠定坚实的基础，教育会才能树立信心并与国外的仁人志士通力合作。他们会明白，这样的规划并非海市蜃楼转瞬即逝，这一事业在未来定能蓬勃发展，他们的信任与资助定有回报。

教育会对学生施与的影响，使其心智发生根本性改变。请允许我以报告中提到的小乞丐为例，拿他目前的景况与过去的状态加以对比。想象一下，这个小受难者在几周或几个月里慢慢消瘦，直至消亡在街道上，这是何等凄惨的景象。如今，我们可以看到他在教育会资助下会成为什么样的人。这只是个案。更多的学生，甚至数以百万计的儿童，不管国内的，还是国外的，都可以在教育会的培养下改变人生。这将是多么伟大的善行！在冷静反思的时刻，当心灵充盈着各种美德和善行时，有些教会机构的价值可能是平等的，极少数会超越，而马礼逊教育会就是这极少数之一，这项事业美好而伟大。

每当人们提到尊敬的马礼逊先生时，我们内心就充满喜悦，该教育会以其名字来命名，乃实至名归。我们总爱回顾和深思有关他的往事，也会追忆他个人在上帝庇护之下系统、勤勉而耐心地建树的丰功伟绩。我不由自主地回忆起他早期的事迹。我仿佛看见他在商行中坚持学习的情形，油灯旁边成堆的《圣经》经释文本隔挡住风，使其不被吹灭。他仔细研读汉语，之后便熟练掌握这门语言，而从中学习的知识使他能给广大同胞带来福音。正是这位先生锲而不舍的精神，使他面对困难时永不退缩，而塑造其性格的那种纯洁高尚的原动力正是教育会所要继承发扬之所在。没有这些精髓，教育会枉继其名，而有了这些精神食粮，在上帝福音恩赐之下，教育会定能成功。

没有人能预知商业和政治格局的改变将如何影响教育会，然而目前所有一切都激励着我们大步向前。献身于在华传教事业的逝者永远活在我们心中。在教育会成立一周年之际，让我们共同缅怀教育会的初创人员之一斯蒂文斯牧师，他慷慨地给予我们宝贵建议，与我们进行多样的合作，然而我们却永久地失去了他。在此，我们向斯蒂文斯牧师致敬。

尽管遇到许多障碍（这里略微提及一二，因为教育会已经清楚地认识到这些障碍甚至对其充满感激），马礼逊教育会在该年度仍取得长足的进步。教育会已经做好人事安排，没有理事挂着闲职。他们全心全力，尽心尽责，发挥自身优势。正如今天早上报告所宣读的那样，他们决定的议案已经执行，通信一直畅通，已收集数据并整理完毕。

任何宗派都不会成为教育会的下属机构，但我们拥有一致想法，即"凭借基督教界最好的体系"，为帝国民众，为未来百万计人及一代代年轻人，积极发展教育事业。

随后，出席会议的会员无记名投票选举下一年教育会任职成员。出席会议的理事投票选举下一年的主席团成员，选举产生新一届马礼逊教育会理事会：

会长：颠地先生

副会长：格林先生

司库：查顿先生

联络员：裨治文先生

会议秘书：马儒翰先生

审计员：特纳先生与金先生

投票结束后，教育会一周年大会圆满落幕。

马礼逊教育会成员 [1]

贝尔先生（William Bell, esq.）

胡夏米（Hugh. H. Lindsay, esq.）

波瓦洛少尉（Lt. A. H. E. Boileau, Beng. Eng.）

W. 麦凯上尉（Capt. W. McKay, 过世）

裨治文牧师（Rev. E. C. Bridgman）

马地臣先生（James Matheson, esq.）

郭雷枢先生（Thomas R. Colledge, esq.）

三孖地臣先生（Alexander Matheson, esq.）

科克斯先生（Richard H. Cox, esq.）

麦基里津先生（William McKilligin, esq.）

J.N. 丹尼尔先生（J. N. Daniell, esq.）

梅特卡夫先生（Sir C. T. Metcalpe, Bart.）

颠地先生（Lancelot Dent, esq.）

慕勒先生（Edmund Moller, esq.）

罗伯特·迪格尔先生（Robert Diggles, esq.）

---

① 《中国丛报》编辑部曾出版《马礼逊教育会年度报告》（*Annual Report of the Morrisson Education Society*，Canton：Printed at the office of The Chinese Repository）单行本，其中所载马礼逊教育会年度报告内容与《中国丛报》连载年度报告内容略有不同。单行本年度报告附加若干财务报表、马礼逊教育会成员列表等。此马礼逊教育会成员列表与下文马礼逊教育会参与机构列表系单行本附表，《中国丛报》连载马礼逊教育会年度报告（1837）无此两种附表。

F.J. 莫里斯先生（F. J. Morris, esq.）

德拉蒙德阁下（Hon. I. R. Drummond, R. N.）

马儒翰先生（John Robert. Morrison, esq.）

义律上校（Capt. C. Elliot, R. N.）

奥立芬先生（D. W. C. Olyphant, esq.）

法勒上尉（Capt. Farrer）

伯驾牧师（Rev. Peter Parker, M. D.）

托马斯·福克斯先生（Thomas Fox, esq.）

佩斯顿先生（Framjee Peston.Jee, esq.）

吉尔曼先生（R. J. Gilman, esq.）

里夫斯先生（John R. Reeves, esq.）

格林先生（John Cleve Green, esq.）

罗白生爵士（Sir. G. B. Robinson, Bart.）

A. 格朗先生（A. Grant, esq.）

桑普森先生（George R. Sampson, esq.）

约翰·P. 格里菲思上尉（Capt. John P. Griffith）

G. C. 施瓦贝先生（G. C. Schwabe, esq.）

郭实猎牧师（Rev. C. Gutzlaff）

叔末士牧师（Rev. J. Lewis Shuck）

W. H. 哈顿先生（W. H. Harton, esq.）

施赖德先生（John Slade, esq.）

G. J. 希金森（G. J. Higginson, esq.）

史第芬牧师（Rev. E. Stevens，过世）

海因上尉（Capt. John Hine）

詹姆斯·斯特罗恩（James Strachan, esq.）

罗伯特·英格利斯先生（Robert Inglis, esq.）

图尔纳先生（Richard Turner, esq.）

因义士先生（James Innes, esq.）

J. B. 桑希尔先生（J. B. Thornhill, esq.）

查顿先生（William Jardine, esq.）

韦特莫尔先生（William S. Wetmore, esq.）

安德鲁·约翰逊先生（Andrew Johnson, esq.）

约翰·C. 怀特曼先生（John C. Whiteman, esq.）

C. W. 金先生（C. W. King, esq.）

卫三畏先生（S. W. Williams, esq.）

马礼逊教育会参与机构（参与人）

新加坡 A. L. 参逊公司

马六甲怡和洋行赖发洛先生

孟买伯恩洋行麦克维卡先生

伦敦汉基先生

纽约同孚洋行塔尔博特先生

第三章　马礼逊教育会 1838 年报告 [①]

马礼逊教育会第二次年度大会，从 1838 年 9 月 27 日星期三延期至 10 月 3 日星期三上午 11 点举行，会议地点为总商会（广州）会议室。出席会议的有颠地先生、格林先生、林赛先生、因义士先生、马西森先生、弗顿嘉先生、慕勒先生、罗伯森先生、惠特莫先生、施赖德先生、卫三畏先生、费森登先生、裨治文先生、马儒翰先生。颠地先生主持会议，他简要说明了教育会过去一年中开展活动的情况及对未来的展望。

颠地先生结束致辞，邀请诸位理事听取会议报告，随后联络秘书裨治文先生宣读报告。

马礼逊教育会第二次年度报告

在欧洲国家，为青年提供教育的新型机构兴起，经过遴选的专门团队负责此事的执行，在几周内就可以确定教师、教材及相关设备并开始教学。马礼逊教育会的目标是本地青年的教育，它是在中国本土创办的教育机构，因而容易得到中国有识之士和富商的同情与赞助。无知的罪孽必将消除，这样的观念影响着欧洲的朋友、邻居与同胞，他们愿意投入精力、倾其财

---

① 译自《中国丛报》1838 年 10 月第 7 卷第 6 期第 301—310 页：马礼逊教育会 1838 年报告（1838 年 10 月 3 日宣读）。

产或者既花费时间又耗尽钱财来帮助穷人接受教育，甚至呼吁民众支持其教育事业，他们对教育事业的鼎力支持受到广大民众以及周围众多朋友和慈善家的热情欢迎。中国目前的环境截然不同，这里没有西式教育的教师，没有教材，没有教学设备；或许根本找不到可以雇佣的教师。尽管成千上万的儿童都没有接受过教育，只有个别人在向我们寻求教育指导，但是即便对个别学童，我们仍无法提供足够的帮助。

从这份报告后续部分可以看到，我们为开展良好教育所做的准备工作太少，而我们需要产生更强的影响力。目前遇到的主要困难是师资缺乏，教育会急需教师、优秀初级教材、合理的指导计划。这阻碍着我们实现既定目标。

我们必须认识并了解优秀教师的重要性，还应该重申该主题，直到获得教育会董事会的高度重视并找到迫切需要的教师。而最重要的是聘用本地教师，他们需要掌握本国语言与教育体系，了解科学理念并且熟知现代文明的进步。教育会值得所有人的付出，来教育孤独的个人去追求平凡的生活。如果教育会帮助的孩子最终成为教师，并在其能力范围内教育他人，使这些学生也成为教师，那么教育会的教育价值将会极大提升。这种教育方式经过不断发展，其影响范围将逐步扩大。同时，资助手段和时限也将打破陈旧模式。在华外国人不想苛责过去或者现在的所作所为，而旨在反省过去和现在所采纳的不恰当教育措施，这些不是外国人在华办学的倾向。但是，我们或许会问，迄今为止我们努力的结果到底是什么？教育会的运作趋势如何？目前的运作方式会产生怎样的后果？为解答这些问题，我们应充分关注几所学校的发展历史与现状。我们不看调查问卷（这些问卷即将完成）也能清楚地认识到其中最大的问题是缺少教师。招聘教师的难度不小，而我们与国外学校联系的信函也没有回应。

第一种情况是，在取得可观的进步之前，教育会须从国外引进教师。为此，教育会已向英国和美国教育界友人致函，请他们招聘教师，这件事在教育会上一年度会议上已经做了陈述。

美国耶鲁学院西立曼（Silliman）教授、古德里奇（Goodrich）教授与吉布斯（Gibbs）教授被马礼逊教育会理事会提名为联络员，负责选择和任命教师。教育会已经收到他们的三封回信，第一封信是 1837 年 6 月发来的，他们在信中表示十分高兴接受这项任务，并正在努力寻觅符合教育会要求的教师来填补教员空缺。他们已找到一名比较符合标准的年轻教师，遗憾的是，由于中国的特殊环境，这名教师拒绝来华。第二封信函的日期是 9 月 30 日，他们在信函中提供了所招聘的第二位教师的信息，这名教师将于 10 月乘船来华。在准备来华过程中他因为眼疾而影响了行程。第三封信函的日期为 1837 年 10 月 17 日，他们在信中表示现在仍不能松劲，因为那名教师可能失明，因此委员会认为他们有责任尽力再找一名教师。

教育会董事会希望迅速找到一名教师并让他尽快上岗，这表明他们在致力于实现教育会此项目标。

寄往大英教育协会的信函仍未收到回应。① 作为教育会初

---

① 这封信于 1837 年 2 月一式两份寄出，一份寄给奥威尔先生，另一份寄给威廉·查顿先生（Dr. William Jardine）。

创期的董事会理事之一，福克斯先生正与大英教育协会负责人会晤，他回到广州后，我们期待从他们的见面中得到相关信息，这些已经在上次报告中宣读过。

从英美选派的教师迟迟不能到位，福克斯先生与大英教育协会负责人对此表示遗憾，但理事们从不怀疑他们期待与他人合作推进中国教育发展的愿望。延迟选派教师对所有人来说都是憾事。从过去到现在，他们在印度的教育事业一直存在教师缺乏的问题。尽管如此，那里的教育事业还是取得了巨大的进步。为此，我们期待他们未来能获得成功，也希望我们成功。

有关印度教育的话题已通过波瓦洛少尉的信件提请各理事关注。波瓦洛少尉去年参加了教育会年度大会。他在信中谈到印度教育委员会（Committee of General Instruction in India）的会议纪要。印度胡格利河（Hooghly River）的大学拥有许多教师，约 17 人，学生超过 1200 名。他的信中还提到印度目前对教育事业提供的慷慨援助。我们谈及这封信的初衷与波瓦洛少尉写信的出发点是一致的，即鼓励大家坚持兴办教育。不久前，外国人在印度当地创办的教育机构根本没有成效，或者说只是尝试性地办学，这比在中国的情况好不了多少。但是，我们认为或者有充分的理由相信，只要我们像在印度那样占据如此好的平台，那么我们在中国就能有所作为。

去年教育会年度大会名单里提到五个男孩，除一个男孩之外，其他男孩都留在学校学习而从未间断。现在名单上又增加了一名新学员。名单上另外三人之前根本不接受教师，现在他们却提交申请希望获得教师的指导。

其中一个男孩在去年 1 月被送到新加坡，随后我们收到新加坡方面关于其良好表现的回应。他在学习与礼仪上都有进步。他既学英文，也学中文，并选修许多课程。在这样良好的环境下，他会在适当时候成为一名教师。这是很好的案例，理事们也希望其他孩子取得很大进步。

第二个男孩之前在新加坡学习，去年 10 月返回中国。过去 8 年来，这个年轻人一直在读书。他现在阅读中英文都很轻松并有较强的纠错能力。他日常学习的课程包括地理、算术、自然、历史和语法，还有些中译英小练习，有时口译，有时笔译。课程内容有地理基本知识，目前他已掌握地形、比例尺与地球自转，还有经纬度、国家名称、河流山川等。他已熟悉掌握基本规则与分数等算术方面的知识。在自然和历史课程的准备阶段，他通读了两遍《美好的自然》（*Good's Book of Nature*），目前他在学习基础的地质课程。汉语缺乏语法体系，但这些原则在我们自己的书本中有所体现，于是他便着眼于语言的一般规则，尽量从中国语言文字里将其提取出来，并将之与西方各国的语言规则进行比较。除学习这些科目，他还指导另外两名比自己年龄小而知识层面较低的男生。那两个男生现在主要学习中英文阅读和写作，在地理和算术上有些许进步。

第五位男生今年已经 9 岁，由于没有人负责他的学习，因此他几乎没学到什么知识。如果教育会能再找到一名教师，这个男孩和其他学生马上就能投入学习。

名单上第六位学生是今年招收来的。这位少年在伯驾医生指导下努力学习英语和医疗方法，他每天还抽出三四个小时在医院担任伯驾医生的助理。他对中国文学有浓厚的阅读兴趣并喜爱学习。他对事物充满好奇，对自己的学业很感兴趣。老师对他有很高的期许，这似乎在情理之中。他每天致力于探索有关自然的真理和宗教的教义，潜心钻研人类的起源与命运，考问自己对造物主及其同胞理应承担的责任。其他男孩也接受了同样的关照。他们孜孜追求人类认知和遵循真理的职责，他们只信奉真理而无其他信仰。

在这里，我们应当指出，理事们选定的课程及其选派到学校的学生实际上不由他们控制。在这种情况下，他们将自己视作孩子们的监护人。一旦为孩子选好学校，他们就希望孩子们能悉心遵从辅导员和老师的指导，同时为孩子们提供充裕的经济援助，尽其所能为他们提供友好的帮助和资讯，以保证他们继续留在学校进行完整的课程学习。他们期望给予孩子们最好的条件，这也是学校唯一的追求，给他们提供学习场所并让他们长久地学习。因此，他们始终希望一方面保持这些必需的条件，另一方面努力使孩子们在学完整个课程前不辍学。

至于最后这个问题，我们着实煞费苦心。在有些情况下，教育会的教师会送给学生家长金钱，使他们供得起孩子在学校读书。为确保孩子们留在学校，这种做法被认为是必要的，但我们相信该做法以后会被禁止。学校有时会收到家长或其朋友的强烈要求，他们的孩子一旦完成第一阶段的功课，就可以退学。理事们对此表示强烈抗议，虽然他们认为孩子不必为此接受书面契约——一方面是与家长的合约，另一方面是与教师的合约。家长们应充分信任理事们，也应该相信负责指导孩子的教师。

去年的年度财务报告记录了教育会的支出情况。教育会并未对新加坡的那位男学生给予资金支持；赴新加坡的通行证已经给他；至于他在新加坡的开销，账户有望很快开设，教育会将对此负责。对于在华的学生，教育会已给他们支付每月 12.5 美金的补贴。其中两个人每人 2 美元，另有一人 2.5 美元，还有一人为 5 美元，年纪最小的学生每月仅有 1 美元。澳门的学校每月共支出 15 美元，给予新加坡免费学校的金额同样是每月 15 美元。

在去年的报告中已经介绍过澳门学校的情况了。目前财务已公开，理事们收到了校长的来信，他们期待的学校管理方面尚未有实质性进展。不过，为了不违背初衷，现在理事会每月仍给他们补贴 15 美元，还有 11 美元的个人补助，年度总计 312 美元。同时，他们希望在股东大会上对此加以讨论，并收到关于未来补助的参考信息。郭实猎先生 9 月初与理事们进行通信，他们讨论了以下事项。学校在三年前成立，现在共有 16 名男学生，5 名女学生。学生都住在郭实猎先生家中，他为学生们提供食物和衣服。他说，留住女学生很难，她们一般在学校待几个月就会被家人带走。直到最近，尚未有女学生在学校就读超过一年的。男学生存在同样的问题，只要他们学过一些中文经典书籍，略懂英文，他们就会退学。他们可能在店铺档口帮助父母做事。对这类退学情况，我们无法做出任何承诺，也不能有任何抗议。现在仅有五六人在学校学习超过两年。从本年度开始，退学现象比之前减少了，学校收到的入学申请多起来。根据年龄，学生被分在三个班级，他们都要学习英语。最好的班级开设地理、历史与写作课，中等班主攻阅读写作，最差的班只学阅读。他们都需要阅读《新约》。一般情况下，中国学生在本地教师帮助下能取得较大进步。

郭实猎夫人负责新加坡学校（the Institution at Singapore）的整个管理事务，她还给学生上英语课。有个教阅读和写作课的教师做助手。郭实猎先生每周用中文考核学生四次并给他们上英文课。在信件的结束部分，他咨询学校资金方面的事情及教育会捐款情况。他说自己很感激资助者，也保证在教育会的建议下不断改善学校状况。他希望捐助者继续资助这些孩子，而孩子们尽量回报他们的资助。

教育会大多数理事都相当熟悉郭实猎夫人创办的新加坡学校的历史和情况。学校设立专为中国人提供指导的部门。与中国的其他同类学校一样，这个学校也经历了许多困难，目前尚未摆脱困境。委员会近期的工作相较以前取得了很大进步。从 1838 年 4 月 9 日学校委员会的信件可以看出，学校目前有 5 名中国教师，教授 3 门不同的方言。他们的薪资情况是：一名教师每月 25 美元，两名每月 15 美元，另两名每月 12 美元。该部门于去年 3 月成立，当时花名册上有 95 名学生，每日均有 66 人签到上课。学校共有 239 名学生，除中国学生外，还有来自英国、泰米尔族（Tamul）和马来族（Malay）等提供教育的国家和民族的学生。学校也在考虑接受葡萄牙和布吉斯人（Búgis）的学生。资金缺乏是主要困难，学校为此费尽周折。

这里有必要简述一下教育标准的话题，这也是需要我们密切关注的。对中国人而言，学识渊博是赢得尊重和影响力的必要条件。除非我们的学生可与本土学校的就读学生平等，不然我们投入的时间和金钱就达不到应有效果。我们想在有限条件下培养少数孩子，而不是给许多孩子提供基础教育。这样的设想也许更合理：宁可将我们的努力集中在少数人身上，使他们成为优秀的学者，也不愿将我们的资源耗费在那些永远不会有太大前途的人身上。

由于理事会成员远离中国本土，他们无从获得这里的准确信息，而这些数据对教学现状来说是十分必要的。我们需要关于中国的数据信息，还有新加坡、马六甲、巴达维亚、廖内群岛、曼谷及其他地方开办学校的信息，我们从中可以了解这些地方的教育状况及学校的数量，我们虽然获得了一些相关细节，但远不及我们所希望的。

鉴于我们已经在上次报告中提及巴达维亚和马六甲学校的情况，这里不再赘述，但其中两处错误需要更正。其一，巴达维亚学校老师的补助是卢布，而不是西班牙银圆。另外，教师每年的最低薪资是160美元，而不是该数字的两倍。在马六甲，每个男生每月开销是6美元，而不是报告中提到的8美元。学校使用的中文教材只有"四书"。

理事会收到来自曼谷的两封信件，信里提出在曼谷发展教育的一些想法。从中国到暹罗有多种途径，中国人一般选择海路，但暹罗几乎没有从中国来的女性居民，除非特例。中国男性与暹罗女性通婚生育的后代继承暹罗的服装特色，学习暹罗的语言、礼仪与习俗。从信中还可以看到，在暹罗只有很少的男性识字。优秀的教师很少出现在暹罗的外国居民区，而外国居民区的学校环境一般比较差。学校里的孩子们每天阅读，背诵所学课程，并一字不差地复述给老师听。他们每天有部分时间用于写作。他们在校的前两三年，老师很少讲解课程内容，因此很少有孩子能够理解自己阅读的内容。学校更关心能力强的学生。这些学生与中国学生学习相同的书籍，接受同样的教学方式。而对暹罗本地教育来说，这似乎有太多缺陷。

曼谷普通学校的消费一般是每人每年 8 美元，还需要 18 美元来支付其他费用，如课桌、校服、文具等。富裕的中国人家会给自己的孩子聘请私人教师，这当然需要支付更多的额外费用。教师每月薪资约 8 美元，课室租金只有 2.5 美元左右，甚至更少。大部分入学学生一般读书时间不超过四五年。这也是曼谷学识水平较低的原因之一。其他原因有：对教育的评价过低、普通家庭没有能力送子女入学、暹罗的母亲与所生养中国孩子之间用暹罗语沟通的障碍、对暹罗宗教和习俗的强烈信赖，以及中国孩子被暹罗演艺界所吸引的因素等。

笔者在信中给我们提供了曼谷一所小型学校一年里的经营细节，"孩子们与在中国学校里一样学习、写作，但不要求他们记忆和背诵所学内容。教师会用学生最熟悉的表达对每部分内容进行阐释，并保证每位学生都能理解。我每天都检查男生的功课，并要求他们跟我解释所朗读的每部分内容的意思，这也是为了提高他们的理解力。我通常选择最有趣的书籍作为课本，因为这些内容最容易理解。考虑到教师自身的缺陷及教学体系的设计缺点，这些教学实践算得上很成功了"。遗憾的是，主办人因身体抱恙不得已离开暹罗，这所学校已停办。

目前，我们在中国人中间进行的教育状况调查及其数据与上次报告所呈现的中国教育调查一样，尽管其中的数据并不完善，但它提供了足够数据来比较准确地估算教育慈善事业的需求。在我们所涉及的许多领域，教育是最重要的，也是我们最大的兴趣所在。当面对这样的工作时，任何迟疑、障碍、异议都无法阻挡我们。尽管教育会所取得的进步是缓慢的，这多少令人遗憾，但我们绝不会停止不前或退缩，这反而激发我们的潜能，让我们付出更多努力。对穷人和愚人的教育是有意义的。引导孤儿和无助之人，将他们从穷困的生活中解脱，教给他们一技之长，向他们呈现生命之美，并在行业、知识、美德之路上给予他们指导和鼓励，这就是我们的工作，这亦是我们的承诺。我们在其中看到了上帝的微笑，在上帝福音的指引下，我们将勇往直前。

今年，教育会还收集了中国教育和学校的额外数据，但这些信息需要留作他用。

预期的图书馆设置在一座便捷公寓里，现在图书馆已开馆，对所有愿意来感受知识的人开放。理事们建议，尽早采取措施扩大图书馆的面积。作为一家公共图书馆，马礼逊教育会图书馆近几年应将有限的2000多本藏书增加数百倍，直到它能与世界上最好的图书馆及其藏书媲美。①

会长宣读完报告后向大会解释，由于上次会议任命的一名审计员不在广东，故本次大会进行一次特殊任命：韦特莫尔先生为临时审计员。

由罗伯逊先生提议，慕勒先生附议，一致通过决议："理事对审计员的临时任命须经本次会议批准。"

接着丁肖·富尔多杰先生提议，威廉先生附议，一致通过决议："现宣读报告获准通过。"

大会主席解释说，一项有关学校新章程的提议已在上次大会上发出通知，并按教育会规则获得理事的批准，原提议人金先生缺席，因此该提议由卫三畏先生提出。

由卫三畏先生提议，胡夏米先生附议，一致通过决议："凡申请本会资助的社团或个人，须出示其教育收支报表及教学制度报表，并在本会给予资助的情况下，定期继续提供上述报表；任何理事前往设立该等学校的，均应被视为本校的访客——本决议将作为公会的章程。"

由胡夏米先生提议，因义士先生附议，一致通过决议："理事应向国外的所有中文学校的教师和主任，以及在俄罗斯和中国边境上可能设立的此类学校或其他机构的负责人征集有关学校起源、发展和现状的完整说明。"

由马地臣先生提议，格林先生附议，一致通过决议："授权

---

① 本章余下内容为《中国丛报》编辑部出版的单行本《马礼逊教育会年度报告》（1838 年）所载内容，《中国丛报》连载的马礼逊教育会年度报告（1838）无此内容。

理事购买国外中文学校使用的所有教科书的样本，并存放在图书馆；请理事在下一次周年纪念大会上提出改进建议。"

由因义士先生提议，韦特莫尔先生附议，一致通过决议："大会同意理事使图书馆更容易通达社会而采取的系列措施，并期望大会成员或社会人士以个人名义捐赠书籍，以增加图书馆的价值和效用。"

有关向澳门的学校提供进一步援助是否妥当的讨论，现已得到社会的部分支持。

由格林先生提议，因义士先生附议，一致通过决议："向学校提供进一步的援助。在澳门，在郭实猎夫人的管理下，理事须经指示才能采取他们认为合宜的措施，但唯一的限制是，不再延续那种令人反感的招募教师的方式，在一定的担保下才使用此类模式，只有做到以上两点并令人满意，理事会才会给予帮助。"

随后，出席会议的理事无记名投票选举下一年教育会成员，选举产生新一届理事会：

会长：颠地先生

副会长：格林先生

司库：查顿先生

联络员：裨治文先生

会议秘书：马儒翰先生

审计员：韦特莫尔先生与金先生

投票结束后，大会圆满落幕。

后记

当上述几页内容印刷出版时，理事们召开会议并任命了一个委员会，由当时居住在澳门的理事们组成，以调查郭实猎夫人管理的学校的状况。根据该委员会的报告：学校的管理现状和学者招募的进展情况都非常令人满意，但在股东大会上，关于聘请学者或让盲童接受教育的说法似乎被过于夸大了。无论如何，"最值得称赞的动机"之类说法使郭实猎夫妇确实受到了一定的影响。不过，这些说法有可能在某种程度上被歪曲，而且被认为有不利的倾向，郭实猎牧师已经保证停止以上做法。在这种情况下，理事们认为有理由继续每月为学校资助，并由相应的人负责招标。

图书馆管理章程

1. 所有贴标签和做标号的书籍均须有序置于箱子中，放在工厂附近的房间内，交由图书馆工作人员保管，由记录秘书进行管理。

2. 读者须在借书单上签名后方可从图书馆借出图书。

注意：给每位进入图书馆的读者提供印刷的借书卡和书目，在上午 10 时至下午 4 时可以填写借书单送至管理员处，管理员将递交书籍并保留借书单。归还书籍时管理员将退还借书卡。

3. 单册书籍的借阅时间不超过一个半月，两册及以上的书籍不超过一个月。所有书籍必须在规定期限归还，如果没有新的读者借阅，方可续借。

4. 损坏或丢失书籍须由本人赔偿，书价由理事会决定。

5.非本教育会的成员 ① 每年缴纳 10 美元，或者半年内缴纳 5 美元，方有权进入图书馆。

6.本会成员可介绍来自任何国家的朋友以访客的身份进入图书馆。

7.图书馆的所有捐赠都将用于修缮和购书。

注意：理事会相信，所有能进入图书馆的读者都期盼它扩大规模，维持下去，并尽可能服务到位，因此认为目前不需要增加图书馆管理条例。目前图书馆许多著作与参考书一样价值不菲，非特殊情况不能移出图书馆。因此，任何读者同一时间可借阅的书籍数量应在适当便利的情况下确定。希望读者尽快归还新书；当多位读者借阅同一本书籍时，应按照提出申请的顺序来决定。随着书籍的增加应及时更新书目并修订书单，以便读者获取所借阅图书。

7.欲获取图书馆书目，可前往本馆的图书管理员室。

附录　图书馆书目

第一部分

57　伯克（Burke）《崇高与美丽概念起源的哲学探究》（*Philosophical Inquiry into the Origin of Our Ideas on the Sublime and Beautiful*），费城，1806 年，12 开本。

58　《热情的自然历史》（*Natural History of Enthusiasm*），波士顿，1830 年，8 开本。

59　厄本（Upham）《思想哲学要素》（*Elements of Intellectual*

---

① 　一次性缴纳 25 美元及以上，或每年缴纳 10 美元，可成为教育会成员。

Philosophy），第 2 版，波特兰，1828 年，8 开本。

第二部分

210　马礼逊（Morrison）《华英字典》（*A Dictionary of the Chinese Language*），澳门，1815—1822 年，4 开本，6 卷（缺第 1 部分第 3 卷）。

第三部分

435　巴恩斯（Barnes）《罗马书信的解释性和实用性注释》（*Notes, explanatory and practical, on the Epistle to the Romans*），纽约，1834 年，12 开本。

551　派克（Pike）《圣救主年轻门徒（永生）指南》（*Guide for Young Disciples of the Holy Saviour*），纽约，1832 年，8 开本。

560　巴克斯特（Baxter）《圣徒永恒安息》（*Saints' Everlasting Rest*），由福塞特删减，纽约，12 开本。

561　鲍德勒（Bowdler）《神学论文》（*Theological Essays*），爱丁堡，1829 年，24 开本。

562　邓肯（Duncan）《关于道德治理一般原则的演讲》（*Lectures on the general principles of moral government*），巴尔的摩，1832 年，8 开本。

563　戴蒙德（Dymond）《战争与基督教原则一致性的探究》（*Inquiry into the accordancy of War with the principles of Christianity*），费城，1834 年，12 开本。

564　芬尼（Finney）《关于宗教复兴的讲座》（*Lectures on Revivals in Religion*），纽约，1835 年，8 开本。

565 弗拉维尔（Flavel）《真诚的试金石，真假宗教的审判》

（*Touchstone of Sincerity, or a trial of true and false religion*），纽约，24 开本。

566 古德（William Goode）《基督教圣名论》（*Essays on all the Scriptural Nanes and Titles of Christ*），伦敦，1822 年，8 开本，5 卷（缺失第 1 卷和第 4 卷）。

567 诺依曼（*Neumann*）《佛法教律：中国佛陀》（*Catechism of the Shamans, or the laws and regulations of the Priesthood of Buddha in China*），译自中文，伦敦，1831 年，8 开本。

568 内文斯（Nevins）《实践思维》（*Practical Thoughts*），纽约，12 开本。

569 腓力（Philip）《基督徒经历，困惑者的指南》（*Christian Experience, or a guide to the perplexed*），纽约，1834 年，12 开本。

570 《男子虔诚的原则》（*Manly Piety in its principles*），纽约，1833 年，12 开本。

571 《经书：美国圣经协会出版物》（*Tracts: The Publications of the American Tract Society*），第九卷（第四册），12 开本。

572 沃德洛（Wardlaw）《祷告的义务和功效之见证》（*Testimony of scripture to the obligations and efficiency of Prayer*），波士顿，1830 年，12 开本。

573 威尔伯福斯（Wilberforce）《先验实践观：主流宗教体系中自称基督徒与真正基督徒的对比》（*Practical View of the prevailing religious system of professed Christians contrasted with real Christianity*），波士顿，1829 年，12 开本。

727 阿博特（Abbott）《老师：在青年教育和管理中产生的

道德影响》(*Teacher: or moral influences employed in the Instruction and Government of the young*)，波士顿，1833 年，第 8 开本。

728　考德威尔（Caldwell）《体育思想》(*Thoughts on Physical Education*)，波士顿，1834 年，12 开本。

729　德杰兰多（Degerando）《自我教育：道德进步的手段和艺术》(*Self-Education, or the means and art of moral progress*)，第 2 版，波士顿，1832 年。

730　《迪克论知识传播改善社会》(*Dick on the improvement of Society by the diffusion of Knowledge*)，斯普林菲尔德，1833 年，12 开本。

731　《在华实用知识传播》(*Diffusion of Useful Knowledge in China*)，该协会发展目的的报告，8 开本。

732　格里姆凯（Grimké）《对科学和文学、宗教和世俗教育的思考》(*Refections on Science and Literature, and on religious and secular Education*)，纽黑文，1831 年，12 开本。

733　《斯普拉格写给女儿的关于实际问题（教育、脾气、行为等）的信》[*Sprague's Letters on practical subjects（education, temper, conduct, &c.) to a daughter*]，第 3 版，纽约，1834 年，12 开本。

第四部分

878　比彻（Beecher）《为西方辩护》(*Plea for the West*)，第 2 版，辛辛那提，1835 年，24 开本。

879　《英国和美国社会与政治状况比较》(*England and America: A comparison of the social and political state of both* nations），纽约，1834 年，8 开本。

880　《美利坚合众国法律》（*Laws of the United States of America*），涉及第二届和第六届大会的法案，费城，1795 年和 1801 年，8 开本，2 卷。

881　莫尔顿（Moulton）《宪法指南：包括美国宪法，附注释等》（*Constitutional Guide: comprising the constitution of the United States, with notes, &c.*），纽约，1834 年，12 开本。

第五部分

1113　布鲁克（Brooke）《恒星指南》（*Guide to the Stars*），了解恒星相对位置的简单方法，伦敦，1820 年，4 开本。

1147　赫歇尔（Herschell）《天文学论文》（*Treatise on Astronomy*），新版，费城，1836 年，12 开本。

1148　亚当（Adam）《显微图谱》（*Micrographia Illustrata, or the Miscroscope explained*），第 4 版，伦敦，1771 年，8 开本。

1250　斯穆奇（Smellie）《自然历史哲学》（*Philosophy of Natural History*），波士顿，1824 年，8 开本。

第六部分

1450　《中国医学传教会报告》（*Medical Missionary Society in China*），广州，8 开本。

第七部分

1587　博伊洛（Boileau）《对西部拉贾瓦拉州旅行的个人叙述》（*Personal Narrative of a tour through the western states of Rajwara*），加尔各答，1837 年，4 开本。

1763　《美国人在英国》（*The American in England*），《西班

牙的一年》（*A Year in Spain*），纽约，1835 年，12 开本，2 卷。

1764　勃艮第（Bourgoanne）《西班牙游记》（*Travels in Spain*），增加大量摘录，伦敦，1789 年，8 开本，3 卷。

1765　科尔顿（Colton）《在英国的四年》（*Four Years in Great Britain*），纽约，1835 年，8 开本，2 卷。

1766　吉尔克里斯特（Gilchrist）《东印度指南和韦德麦库姆》（*East India Guide and Wade mecum*），伦敦，1825 年，8 开本。

1767　戈顿（Gorton）和赖特（Wright）《大不列颠和爱尔兰地形词典》（*Topographical Dictionary of Great Britain and Ireland*），伦敦，1833 年，8 开本，3 卷。

1768　格兰维尔（Granville）《圣彼得堡：往返首都旅行日记》（*St. Petersburgh: A Journal of travels to and from that capital*），伦敦，1828 年，8 开本，2 卷（缺失第 2 卷）。

1769《意大利：西班牙和葡萄牙的素描》（*Italy: with sketches of Spain and Portugal*），作者曾著《瓦瑟克》（*Vathek*），费城，1834 年，12 开本，2 卷。

2078　巴克斯特（Baxter）《英国正史新论：从早期的真正历史事件到现在令人震惊的重要危机》（*New and impartial History of England from the most early period of genuine historical evidence to the present important and alarming crisis*），伦敦，4 开本。

2224《（新）年鉴：历史，政治和文学文库》[*Annual Register（the New），or general repository of History，Politice，and Literature*]，伦敦，8 开本，11 卷（缺失 1784 年出版的第 5 卷）。

2225　拉鲍姆（Labaume）《俄罗斯战役的详细叙述》

（*Circumstantial Narrative of the Campaign in Russia*），译自法文，第 2 版，伦敦 1815 年，8 开本。

2226 米涅特（Mignet）《法国大革命史（1789—1814）》（*History of the French Revolution, from 1789 to 1814*）, 纽 约，1827 年，8 开本。

2227 《从最早的时间记载到当前的宇宙史》（*Universal History, from the earliest account of time to the present*）, 从原著编译，附地图、剪辑、笔记、年表和其他表格插图，印刷于 1773 年，8 开本，20 卷（缺失第 1 卷和第 2 卷）。

2228 瓦丁顿（Waddington）《从早期到宗教改革的教会历史》（*History of the Church from the earliest ages to the Reformation*），纽约，1835 年，8 开本。

2626 A. 金（A. King）《已故驻缅甸传教士博德曼（乔治·达纳）回忆录》[*Boardman（George Dana）, late missionary to the Burmah-memoir of him*]，波士顿，1834 年，12 开本。

2627 卡恩（Carne）《著名传教士的生活》（*Lives of eminent Missionaries*），伦敦，1832 年，12 开本，2 卷。

2628 钱伯斯（Chambers）《著名苏格兰人传记辞典》（*Biographical Dictionary of eminent Scotsmen*），格拉斯哥，1835 年，8 开本，4 卷。

2629 《孟买海关关长亨肖因利用职务便利收受礼物的腐败行为而受审的全过程》（*The whole proceedings of the tral of R. Henshaw, esq., custom-master of Bombay, for corruption in office and receiving presents*），爱丁堡，1807 年，8 开本，第 5

卷与第 6 卷。

2630　诺尔斯（J.D.Knowles）《贾德森夫人对已故驻缅甸传教士贾德森的回忆》[Judson（Mrs. A. H.）, late missionary to the Burmah-her memoir]，第 3 版，波士顿，1829 年，12 开本。

2631　《沃尔特·斯科特爵士回忆录》[Scott（Sir. Walter）- Memoir of his life]，爱丁堡，1837 年，8 开本，第 5—6 卷。

6232　萨金特牧师（Rev. J. Sargent）《托马森牧师（Rev. T. T. Thomason）的生活》，纽约，1833 年，12 开本。

第八部分

3080　《西格尼的诗歌》[Sigourney's（Mrs. L. H.）Poems] 费城，1834 年，12 开本。

3081　《塔加特的诗歌》[Taggart's（Cynthia）Poems]，第 2 版，剑桥，1834 年，12 开本。

3506　莱昂内尔·林肯（Lionel Lincoln）《波士顿联盟》（The Leaguer of Boston），纽约，1824 年，12 开本，2 卷。

3507　霍尔（Hall）《西方传奇》（Legends of the West），第 2 版，费城，1833 年，12 开本。

3858　切斯特菲尔德伯爵（Earl of Chesterfield）写给儿子菲利普·斯坦霍普爵士（Philip Stanhope, esq.）的信。由尤金妮亚·斯坦诺普（Eugenia Stanhope）夫人出版，现在她拥有原著版权。都柏林，1774 年，8 开本，2 卷（缺失第 1 卷）。

3890　《爱尔兰人的口才》（Irish Eloquence），包括菲利浦、柯兰和格拉顿的演讲，增添了埃米特作品的魅力，费城，1834 年，8 开本。

第九部分

4228 《雅典娜神庙：古代文学与历史研究期刊》（*Athenaeum*），1837—1838 年，卷数不全。

4253 《亚洲学报》（*Asiatic Journal*），新版，伦敦，1837—1838 年，第 24、25 卷。

4261 《爱丁堡评论》（*Edinburgh Review*），第 120、132—135 期。

4262 《国外评论季刊》（*Foreign Quarterly Review*），伦敦，1837—1838 年，第 39—41 期。

4269 《航海杂志》（*Nautical Magazine*），扩充版，第 1 卷第 9—12 期；第 2 卷第 1—5 期。

4276 《季度评论》（*Quarterly Review*），1834—1838 年，第 101、103、104、106—108、110、118、121 期。

4279 《皇家亚洲学会杂志》（*Royal Asiatic Society's Journal*），第 7—8 期。

4284 《广州纪录报》（*Canton Register*），1838 年 3 月 27 日起。

马礼逊教育会书册捐赠名单

J.H. 阿斯特尔先生（J. H. Astell, esq.）：6 种，13 卷；

波瓦洛少尉：1 种，1 卷；

裨治文牧师：1 种，1 卷；

科克斯先生：3 种，13 卷；

因义士先生：2 种，6 卷；

金先生：44 种，60 卷；

马儒翰先生：13 种，27 卷及更多书籍；

施赖德先生：1 种，40 期；

卫三畏先生：1 种，3 卷。

图书馆还提供一些古籍的复印版，但没有列入上述报告。

第四章　马礼逊教育会 1841 年报告 [①]

马礼逊教育会第三届年会于 1841 年 9 月 29 日（星期三）在澳门布朗会议室举行。出席会议的人员有颠地先生、马地臣先生、贝尔先生、慕勒先生、卫三畏牧师、W. A. 劳伦斯（W. A. Lawrence）先生、合信（B. Hobson）牧师、裨治文牧师、文惠廉（W. J. Boone）先生、美魏茶（W. C. Milne）先生、波乃耶（Dyer Ball）先生、叔未士（J. L. Shuck）牧师和布朗牧师。在记录秘书缺席的情况下，大会组委会邀请布朗先生暂时做会议记录。

教育会董事颠地先生主持会议并发言：

鉴于我们上次会议后，岁月沧桑，我认为有必要在提交会议报告之前提出初步意见。我感到遗憾的是，此次会议规模不大，据我了解，今天船只的调度及当地发生的事故耽误了很多朋友出席此次会议。众所周知，因为特殊情况，我们的会议不能正常召开。令人惊喜的是，教育会在过去三年中不断克服困难，为实现我们的目标而努力；为此要感谢教育会通信组、书记组和秘书组的工作和良好的管理，他们是教育会利益之所系，

---

① 译自《中国丛报》1841 年 10 月第 10 卷第 10 期第 564—587 页：马礼逊教育会 1841 年报告（1841 年 9 月 29 日宣读）。

而其他理事则对他们的工作表达了更多的满意和支持。迄今为止，委员们尚未取得令人赞叹的业绩来鼓励教育会的朋友们，但他们表现出极大的耐心，等待他们采用自认为稳步的方法，随着时间的推移来发展教育会。无论如何，我很高兴现在大家已经开展活动。从马礼逊教育会成立以来，我们尊贵的西里曼教授、古德里奇教授和耶鲁大学的吉布斯教授就对教育会感兴趣并支持我们的观点，最终成功地引进一位教师——布朗先生。任何了解布朗先生的人都为他感到骄傲。布朗先生具备杰出的才能和卓越的成就，且拥有效果良好的教学方法和满腔的热情。

布朗先生在夫人陪同下离开美国来到这里，虽然在这个公共会议上讲这些未免有些琐碎，但我认为自己有责任告诉大家布朗夫人参与学校活动带来的好处。她和自己的丈夫一样投身于这项崇高的事业中，并在各个方面与丈夫通力合作，以确保事业的成功。他们在学生面前树立了一个日常的榜样，这是最重要的，他们所展示的家庭美德与幸福不可能不对学生自己的社交习惯产生有益影响。布朗先生出于健康原因，有机会去自己一直期望访问的马六甲海峡各地，虽然他在学校讲授主要课程时具有优势，但他暂时离校对于教育会来说没有实质性影响，这样布朗先生就有机会调查其他地方的学校及其教学模式。而在马六甲海峡各地的访问和调查亦不会给布朗先生带来任何伤害。他享受到了很好的待遇，布恩夫妇和米怜先生为他无偿提供住宿。我很清楚，他们的工作做得很好，我对他们的工作很满意，而教育会至少认同他们的做法并心存感谢。

报告详细说明了学校目前的状况和有关男学童进步的细节，这些都是令人满意的。学生的数量很少，但我们的目的是教育好学生，不是只考虑招收学生的人数，而不考虑教学程序。其中一个优秀男生曾得到教育会的照顾。我可以这样讲，林则徐大人让这个男生担任译员，而且推测他可能成为林府有关外国人习俗和观念的顾问，他在担任朝廷官职期间跟随林氏始终，主要被聘用来翻译英文报刊和书籍，得到林则徐的款待。这是个非常好的例证。这个男孩熟练掌握英语和汉语，这也是中西文化融合教育制度之优越性的表现。这已经是第二或第三个案例，这些被"蛮夷"教育过的中国男孩被朝廷聘用，我们将通过这种教育方式逐渐改变中国人对外国人的偏见。

教育会理事们不得不暂时终止向其他学校提供资金支持，他们有必要将其有限的财力投入主要项目中；但是，我相信这种情况是暂时的，我们很快就能够担负起帮助其他在华教会学校的费用，因此，考虑到资金的情况，我必须麻烦大家最后一件事。按照教育会财政状况，就目前的办学规模而言，我们只能维持一年的支出。而我现在不鼓励教育会展开募捐。我们没有向社会发出任何募捐的呼吁，直到我们认为确实需要公众捐助。我们的请求会得到响应，社区和教育界的朋友自然会慷慨解囊，来促进这项事业的发展。我们必须筹集资金，这不仅是为了建设和扩大我们现有的学校，而且我们还规划在其他地方建立学校，这些学校的创建为中国社会进步提供了最令人振奋的希望，我相信，未来中国不会缺少学校和教育。

下面即将宣读报告，我不会再耽误大家的时间，而是提醒诸位注意，委员会不得不进行人员的变更来代替已经离开中国的成员，这些变更事项需要在座诸位的批准，教育会章程中没有预先作出相关规定。三年前有人请求修补该漏洞，但随后的事情耽误了相关规定的修订。

教育会会长结束发言，会长宣读报告。

马礼逊教育会第三次年度报告

全体成员上次集会后的三年里，教育会默默地不断进步；即将宣读的报告中教育会的成就，无论在性质上还是数量上，都会使那些关注中国人知识和道德水平提升的人们感到满意和高兴。尽管当时的环境不容乐观，但我们相信自己完成了足够的工作，确保过去的努力得到认可，同时鼓舞我们在未来取得更大的成绩。所以，我们理应以更大的热情坚持发展伟大的教育事业，教育会的成功得益于上帝的恩赐，在此我们表达深深的感激。

自 1836 年教育会成立以来，我们只召开过两次年度大会——一次在 1837 年 9 月，另一次在 1838 年 10 月。大会上宣读的报告，以及事先公布的教育会结构设置等章程，详细记述了教育会结构和第二次报告发布之前教育会的工作进展。

1839 年大会召开当天，所有在华英国人都被迫离开广东和澳门，他们乘坐的轮船停泊在香港或其周边海域。[①]1840 年，由

---

① 这是指因清廷禁烟，中英冲突，英国人被驱逐而离开澳门，聚集在香港岛附近海面。

于中英关系的混乱状态，我们当时召集全体成员出席大会是不明智的做法。

理事们偶尔会面，他们在工作需要并且时间允许的情况下尽可能频繁地接触；他们现在要呈递一份马礼逊教育会工作进展的简报，汇报时间跨度为从1838年10月3日理事会成员及其朋友集会到今天。

在当时宣读的《马礼逊教育会第二次年度报告》中，教育会希望在英美国家招聘一位能即刻投身教育会工作的教师并让他马上抵达中国。这个愿望具有坚实的基础。上次年会的当天或前后几天，教育会设在纽黑文的教师选拔委员会依照教育会及理事会的要求，推选布朗牧师作为先驱来到这里，在教育会的赞助下开展教育事业。

1838年10月17日，布朗先生和夫人一起登上"马礼逊号"（Morrison）轮船，船主奥立芬慷慨地为他们提供前往中国的免费航程——他们于1839年2月23日到达中国。第二天，他们抵达澳门。布朗先生安排好住处等必要的事宜后，立刻前往广州，教育会理事会及其他成员热烈欢迎他们，而他本人对理事们有了初步的了解。

布朗夫妇的美国朋友寄来推荐信，其中一封充分说明熟人对其遣华使命的评价。这封信来自尊敬的耶鲁大学校长杰里迈亚·戴（Jeremiah Day）博士，落款为耶鲁大学1838年10月12日，全文如下：

得知耶鲁大学的一位毕业生布朗被选拔为马礼逊教育会的

教师，我很荣幸对其胜任这一职务的资格进行评价。

布朗在本校完成四年的正规教育，并于1832年获得文学学士学位。在校期间，他以才思敏捷、多才多艺和品位高雅而著称。他在本校选修的所有学科的成绩都名列前茅。大家都喜欢他友善的举止，欣赏他充满灵性的思想和恪守基督徒戒律的毅力。

大学课程即将结束的时候，他以优异的资历被遴选为纽约聋哑学校教师，我很赞同这样的结果。我只能从聋哑学校和他一起教学的同事那里获得他完成工作的情况。我通过这些人了解到，他很快就在手语学习的准确度和广度方面表现出众。在学校的这几年里，他在整个教学过程中表现出超群的热忱、精力和坚持不懈的精神。

因此，我觉得我可以代表大家，表达对布朗先生胜任目前这份工作的祝福和信心；我同时诚挚地将他托付给基督的恩惠和关注宗教与教育的人们的友好援助。

耶鲁大学校长杰里迈亚·戴

在广州停留的几天里，布朗先生了解了理事们希望他所讲授的课程以及他们的看法和计划，随后回到澳门，开始准备上课。1840年4月29日，布朗先生向理事会提交了一份简短的报告，介绍他以往所做的工作，报告内容节选如下：

我来到中国已经超过14个月。直到我离开美国的第12天，我才对来华的目的有所了解。事实上，在此前的12个月里，我一直认为自己那位亲密的老朋友是教育会选定的人。但是，天意弄人，如今他只能耽搁在家，由我接替他来到中国。我来得匆忙，却满怀极大的热情和渴望，在你们的资助下提升中国人的教育水平。

起初，中国国内政治与商业的问题让我对未来忧心忡忡；但是，我后来看到，尽管当时的条件不利于非政治与非商业话题的探讨，教育会、会长及其成员在这方面仍保持极大热情。我刚开始的恐惧感消失了。另外，我在刻苦地学习中文，为今后教授中国学生做准备。

在中文学习方面，我来华最初的六个月与卫三畏先生住在一起，他热情周到地招待我们，便于我们向他请教中文。布朗夫人也在花费更多时间学习中文。

1839年8月26日，我们搬到斯夸尔先生的住处。斯夸尔和其他英国人为了保护妻子儿女不受暴力的威胁，不得已逃离外地。在斯夸尔住处暂居的那段时间，我们基本中断了中文的学习。

11月1日，我们搬到教育会办公处，11月4日学校开学，之前暑假提交申请的六名学生入学。由于教育会的目的在于为受教育者提供全面教育，而非为众人提供初级的教育，加之其他方面的原因，我们认为在开学初接受六名学生是最好的选择。这些幸运的学生里有五名来自农村，因此我们需要对他们进行全方位的管理。年龄最大的学生15岁，他在几个月前就学习了很多英语知识，因此我们将他的课程安排在其他学生之前，其他学生从头开始学习。对于这个班级，我努力让他们和学校建立密切关系，为长期教学打下良好基础，同时为以后的班级作出榜样。马礼逊教育会章程中提出的教育会宗旨贯穿我的工作中。我们不只是教学，作为一个教育机构，我们还要教育整个民族，强健体魄，提高智力，培养道德。

怀着这样的目标，我将每天一半的上课时间分配给中文，另一半给英文，早上六点开始上课，晚上九点下课。这样，学生有八小时的时间学习书本知识，下午三点到四点在户外运动、娱乐。我自己也在教室里工作，这样可以时常监督学生；学校不允许学生在课外活动时离开学校，校园的空间足够学生进行体育活动。学生对这种程度的管束从来没有表示过不满，但不可否认，来自外界的影响会对他们的举止和品行带来损害。至于学生的奖赏，他们并不会得到任何物质上的奖励，但会因为成绩名列前茅或道德表现良好而得到赞许。我努力让他们相信，我自己毫无疑问地确信，这样的赞许比其他任何奖赏都珍贵。我们很少惩罚学生，因为学生违反校规的情况并不多，那些规范只是为了他们的便利和娱乐而制定的。的确，我有时会训斥撒谎的学生，但对其惩戒没有达到体罚的地步，仅有一次例外。道德训诫以及学生可能被退学的警告就足以防止错误再次发生。

他们加入学校的大家庭，我们努力把他们当作自己的孩子对待，也鼓励他们对我们有信心，把我们当作好朋友。他们可以自愿出席早晚的祈祷；总而言之，我们试图给他们创造家庭氛围，给他们提供基督教大家庭的教育。大约四周前，由五个男孩子组成的另一个班级开课了，老师正是布朗夫人，美魏茶牧师也愿意为学生每天上一小时的课。后经证实，这个班里的一名学生无须资助。我们还发现第一个班级的一名学生在两个月实验期后，无法跟上其他学生的课程进度，这位学生被除名。所以，现在学校共有九名学生，每个学生都颇有前途。

当然，四名学生接受教育会的经费资助，教育会为他们提供伙食和学费。另外五名学生的费用由私人承担。第一个班的学生学习英文已有五个月，其中一半的时间即大致两个半月为不间断的学习。新年假期，他们放假在家待一个月。

现在讲教学方法还为时过早。如果大家想了解学生进步的情况，原来的几位理事可以很好地回答这一问题；我只能说，本人从来主张学生应当在刚开始学习的时候，掌握扎实少量的知识，而不是粗略地学习大量的信息。

在9月27日理事们会面时，布朗先生提交了第二份报告。他汇报此前自己所做的工作，以下是这份报告的节选：

既然我有责任向理事们汇报在过去一段时间里工作的情况，那么请允许我提前告诉大家不要抱有太高的期望。学生默默地学习，从未想引起所有人的注意，只有在他们长期努力取得成绩时，才能够受到表扬。更加不为人知的是校长谦卑的工作。现在我们的工作处于初级阶段，如果我想呈现给大家与其他学校情况不同的报告，那我未免过于乐观了。尽管如此，我仍然希望，你们检阅的这份报告得到认可，从而为理事会带来新的动力，坚定信心，让他们相信自己的事业定会实现，还将取得卓著的成绩。

在 1840 年 4 月第一份报告里，我简略地提到教育会整体的原则和计划，此后学校事务一直严格遵守这些原则。中英文教学时间的分配与以前一样，中英文课程各占半天时间。这样，每天早上是中文课，下午和晚上是英文课。我们聘请一位德高望重的中国老人做教师，他的行为举止规范得体，忠实于中国传统教学法。我自己花费同样的时间来学习中文，尚未对这里的普通教学法提出任何实质的改进意见；学生通过中文学习背诵经典，学习汉字书法。他们对中文文章的理解能力也有所加强。在学校多学文章的主题、风格，因为这是他们进一步理解文章的障碍。即使在英国或美国，我们也很少能发掘像他们这样对道德或政治经济发表评论的年轻人。而中国新生的教材里就充满了这样的题材。中国学生在阅读本国语言的书籍时，还存在这样的困难。汉语本身不是字母组成的，也不是音节构成的。英国的孩子们学会 26 个英文字母后，就可以掌握单词组成的几乎所有语言元素；中国孩子则不然。他们在学习阅读的时候就没有这样一劳永逸的方法，因为他们不仅要记住 26 个字母，他们还必须记住读到的几乎所有的汉字，记得其读音和意思。我想这就是孩子们一次阅读所能接受的极限。另外，中国学校所采用的教学方法与其说晦涩，倒不如说其背后可能存在一些理念。在彻底了解中国经典后，来自欧洲的教师才能无可置疑地对中国传统的教学方法加以改进；但我的经验表明，其他人也同意这种看法，我们一致认为向中国教师推荐新的教学方法会严重打击其工作热情，因为他并不欣赏与其固有思想背道而驰的观点；如果我们坚持教育改革，这将会彻底破坏其工作的兴趣。

学生以自己的方法学习中文，而我为了尽快有能力接手这部分教学，也投入同样的时间致力于中文学习。我无权评价所取得的成绩。但请允许我说明这项学习的重要性，因为唯有这样，人们才能通过教育为整个民族带来福音。如果连中国教师都需要了解学生的心理，那么对于希望在异国他乡成功开展教育的外国人来说，这种需求是多么迫切啊！语言是对心理活动的描述，熟练掌握语言的人们必须有能力用艺术家的眼光对其进行评价。正因为很少有人能够做到这一点，所以我们对中国人的感受、偏见、习性和历史还存有误解和盲区。我们每天和中国人见面，但只局限于日常事务，在其他谈话里，我们和他们的思想完全无法交流，很难达成一致。我们之间的交流就像是两个天生的哑巴，由于不同的世界观而拥有不同的思想，我们与中国人的交流就像两方在仅有的共同点上表演着哑剧，交谈结束后又回到了彼此隔膜的状态。

所有努力用中文和中国人交流的外国朋友都感受到了这一点。众所周知，我们之间的融合还缺少最初的环节。例如，在西方语言中，有些最简单的语法问题已被研究很长时间，早就得以解决，而在有关中国哲学的英文著述中，这些问题既没有被提出来，也没有得到解答。问题很简单，答案却不得而知。学生在学习初期碰到这些问题，之后还会不断碰到，直至思想上的隔阂逐渐被消除。

中文语言知识中未知的领域成为现在学习中文的人们的责

任，尤其是马礼逊教育会里为大局考虑的人，他们在这些从未涉足的问题上不断倾注心血，竭尽全力将它们的真理展现给大家。我们从这些评论中看出，理事会早期提出的教师第一年的语言学习建议是明智的。我真心愿意效仿前人，做好准备为教育会的事业做出贡献。

3 月 4 日，理事会对学校进行访问。之后，学生们在英文学习方面又取得了值得称赞的进步。其中两人几乎学完了多达 274 页的地理教材，还有一本比较简单的课本，另外四人学完了前面提到的那本简易教材并学完了帕利（Parley）地理教材约一半的课程。算术方面，他们学完了一本心算的教材，接着开始学习高登（Gordon）的著作，包括基础计算、简化复合以及加减乘除。他们每周学习钢笔书法两次。与其他学校一样，这里的学生才智各异，对各科学习的适应程度不同。整体而言，我坚信他们的进步会令教育会的朋友们满意。过去五个月中，他们在阅读上有了显著的提高，在英语口语和写作方面也是如此。我在新加坡和马六甲的那段时间，美魏茶牧师和布恩夫妇在工作中所表现的能力和忠诚值得称赞。学生道德品质的明显提高给我留下深刻的印象。学生更加诚实，养成了好习惯，富有责任心和感恩之心。从任何意义上讲，这都是我们教育的重要目标。有益于培养良好性格的一切工作都应得到重视。我对此颇有信心。从先例来看，我认为这里的学生现在不太可能在未经允许的情况下自愿退学。在附近中国人中，学校享有很高的知名度，我们收到很多入学申请。他们明白，在其他条件相同的情况下，申请人如果能够保证在学校接受一定时间的教育，就是最有效的竞争力，学生在校学习时间的长短则由教育会酌情决定。很多申请都被婉拒，所以现在在这里读书的学生都感到十分幸运。

如果学校能够提供教材，那么在教学模式上会有更大的改善。虽然此类要求每次都被教育会记录在案，但现在在这方面的不足依然存在。学校的物资供应也有很多困难，进展顺利的时候从未出现过这样的问题。我们需要专门编制的教材，对原有的非正规英语教材进行删减。这些需要只能逐步满足，还要人们共同努力，如那些了解学校所需的人们，以及有能力满足这些需要的人们。教育事业在东方世界逐步开展，毫无疑问随之而来的产物会同时出现。在印度，由于英国政府的开明政策，全民教育这个话题得到越来越多的关注，人们对大众教育越来越感兴趣。公平地说，他们一直在缺少教材的情况下学习。如在地理课上，学生的学习进度不同，因为他们只有两本教材，这导致对语言还一知半解的四个学生一起看一本教材，剩下的两人看另一本。他们学习算术的时候困难更大，因为六个人共用一本课本，他们几乎全靠老师的口头传授，这样显然加重了老师的工作量，也给学生们带来了不便。我相信，这个困难不久后就会被解决，因为课本在不断进行派发，如果有关人员的努力能够奏效，那么课本会在不久后送到我们这里。一位前教育会官员主动提出回到英国后，他不论在哪里都会努力争取课本的供给。我高兴地告诉各位理事，从某种程度上来说，我成功地在海峡地区争取到部分课本；在马六甲期间，英华学校校长理雅各牧师①和我共同编写了一本教材，后来被印刷成册，我相信这本教材一定能很好地帮助这里的学生学习英语，还能帮助其他地方的中国学校的学生。

去年夏天，各位理事批准我请假去考察的要求，在此请允许我对各位理事表示感谢。我希望这项活动不会增加教育会的花费。另外，我还有机会考察马六甲海峡地区中国学生的教育情况。我在马六甲的学校受到理雅各牧师的热情款待。在现任领导的带领下，学校在发展的早期阶段就显示出蒸蒸日上的势头。埃文思（Evans）牧师去世后，理雅各牧师接手学校工作并使学校焕然一新。7 月份，学校约有男学生 35 名，他们入学只有几个月时间，但是，他们在阅读方面取得显著进步。假如继续这样管理学校事务，学校毫无疑问会满足所有朋友的期待。

新加坡为中国孩子开设的学校共有三所，教师是英国人和美国人。我在那里的时候，规模最大的那所学校是美国公理会支持创办的。第二大规模的学校属于新加坡，由美国长老会的人员进行管理。最后一所学校的规模虽然小，但是它有着良好的开端。摩尔（Moor）先生和迪克森（James T. Dickinson）先生告诉我，第二所学校的中文课程还没有开起来，部分原因是

---

① 理雅各（James Legge, 1815—1897），近代英国著名汉学家，伦敦布道会遣华传教士，曾任香港英华书院校长。理雅各是第一个系统研究并翻译中国典籍的外国人，从 1861 年到 1886 年的 25 年间，他将四书五经等中国主要典籍译成英文并出版，共计 28 卷。理雅各多卷本《中国经典》《法显传》《中国的宗教：儒教、道教与基督教的对比》《中国编年史》等著作在国际汉学界占有重要地位。他与法国学者顾赛芬、德国学者卫礼贤并称汉籍欧译三大师，是儒莲翻译奖的第一位获得者。

中国人中出现疫情，另一部分原因是欧洲的教师们忙于各自的课程，无暇投入精力。中文教学由中国教师以传统方式进行。我在英语课堂上发现几名中国学生，其中一名学生很聪明，他很快就升入高级班，我关注他的时候他正在学习代数课程。欧洲教师的数量逐渐增多，接受过培训的中国教师开始掌管教学，中文课程很有可能重整旗鼓。

我刚才提到的第一所学校也就是美国公理会的那所学校，多年来享有盛誉，负责人对它十分关注，如今正在向世人展现其丰硕的成果。学校拥有近50名学生，除一两人外全都是中国人，对所有学生采取寄宿制，而不是每天走读。学校为中国人提供英语教学，任何对这项工作的可行性怀有疑问的人到此参观后，都很难再坚持怀疑态度。鉴于学校所取得的成功，学校常被提名表扬，这些表扬也是名副其实的。学校现在由诺斯（A. North）先生掌管，他任职期间表现出非凡的能力和热情。

回顾假期参观的中国人开办的学校，我更加坚信自己能够胜任这个职位，无愧于当初教育会创立者的选择。在殖民地办教育可以为当地人民带来福音，但我又想到，他们很难为自己的祖国带来任何影响。他们可能举出很多从事这项事业的原因，我在此不赘述。有这种想法的人不止我个人，在国外所有与我讨论过该话题的人都表达过如此的想法。

总体而言，我希望上述报告能够坚定理事会的决心，继续向中国民众推广教育。上帝的恩赐正为我们所面临的黑暗开辟新的道路。周围一切事物都在呐喊：改革即将到来。不远的将来，奇迹般的事件会接二连三地发生。我们要做好准备，向改革的方向前进，争取更多的福利，朝着纯洁平和的思想培育而迈进。

在这里，我们不用过多介绍布朗先生来华前就开始接受教育会资助的孩子的事。1839 年 3 月，中外关系的变化使得他们无法学习，只有新加坡的一名学生最近得到全额资助，这名学生所在的学校也由赞助者管理。短暂停课后，原来师从伯驾医生的三名学生继续跟他上课，直到 1840 年 7 月，他启程返回美国。他再次来华后，三名学生也许会继续听他授课。其他学生没有继续学习。1839 年春天，教育会在澳门接收一名学生①，这名学生经劝说后答应为朝廷高官林则徐承担英语口译和笔译的工作，翻译当时部分英文报纸的摘要，翻译穆瑞（Huge Murray）的《地理大全》（*Cyclopaedia of Geography*）②和其他外文著作中有关中国的文章。虽然这位学生只完成部分的教育，但是他在职期间所做的工作充分地说明，中国人即使身居高位，也需要接触外语及外文著作。林则徐对这位学生很友好，给予他丰厚的待遇，这位年轻人也有很多机会增进对母语的了解。林先生在职期间，这位学生一直从事译员工作，后来听从林先生的建议，开始学习中国作者的历史类文章和经典著作。但他一刻都没有松懈英语的学习。通过读书获得的很多信息也会供

---

① 这里指马礼逊教育会资助的学生袁德辉。1839 年，袁德辉跟随林则徐来到广州，在鸦片战争中担任中方的首席翻译，曾经参与《澳门月报》和《四洲志》的编译工作。

② 穆瑞的《地理大全》于 1836 年在伦敦出版，其中一半文本被译成《四洲志》并收录进魏源的《海国图志》。

给皇上审阅；林先生还建议该学生把对外国进行调查的结果写成著作出版。据悉，他离开广东的时候把资料带在身上，也许不久后，他就会准备出版事宜。

我们进行的调查均服从上次全体大会通过的决议，是关于国外中文学校情况的。我们收到的回复很有限，获得的信息也寥寥无几。

教材仍然是一项很重要的需求。系列入门课程组成了一本中文精选文集，它涵盖阅读、写作、地理、数学、建筑、文科、生物以及国内经济事务等方面内容，希望这本书对略懂英语的学生有所帮助。另外一本比较薄的教材是由大量日常会话与短语构成的，布朗先生在新加坡访问期间参加了此书的编写，学生们也从这本书中获益匪浅。现在教材正在马六甲进行印刷，学生们已经拿到课本的第一部分。

大家可以通过财务报告对教育会的资金情况有所了解。自教育会成立以来，我们在筹集资金方面并没有做特别的工作。教育会认为最初募集的资金足够启动整个项目；另外，在保证招聘一名教师、学生入学、教育事业初见规模之后，我们充满信心，在这样一个由在华外国人组成的以慷慨闻名的社区，筹集善款与开展慈善事业并非难事。理事会感觉到他们有责任向外界朋友传达教育会的需求，现在恰逢好时机，应催促他们提出此类要求。

来自中国的副会长和审计员缺席大会，教育会理事们任命其他成员暂时填补了他们的空缺；希望教育会能够赞成这样的安排。

截至目前，在校学生的数量还不算多；但这个数量很有可能会翻番，甚至变成原来的三倍，而支出的经费却无须增多。这样的结果可能带来的最大好处就是，理事们会设法增加至少一位老师，我们对此已经有所体会。布恩夫人和美魏茶牧师无偿的帮助满足了这一需求，今年 4 月 1 日到 9 月 10 日，在布朗先生离开澳门的日子里，正是他们和布恩牧师一起掌管整个学校和图书馆。教育会对他们及时有效的工作表示最诚挚的感谢。上文提到的早日增加长期聘任教师的需求，对每个人来说都是显而易见的；理事们希望此次会议能够将这项权利授予明年接管教育会的人员，他们能够采取措施来完成这一重要目标，我们对此充满信心。

在报告结尾，理事们引用教育会伟大而崇高的宗旨来鼓励朋友们及自己。任何语言都无法表达教育会为中国年轻人提供教育的重要性。我们同时要牢记，新时代崭新而美好的前景展现在我们面前，我们应该更大规模、更大力度地开展教育事业。

宣读报告完毕，慕勒先生提议，卫三畏先生附议，大会一致决定："同意并通过此报告，由理事会成员指导报告的印刷工作。"

接下来，马地臣先生提议，布恩先生附议，大会一致决定："教育会向耶鲁大学的吉布斯、西利曼和富路特教授表示感谢。感谢他们为及时推选教师所做出的努力，对教育会重要意义的广泛宣传以及推选布朗先生这个明智的选择。"

贝尔先生提议，合信医生附议，大会决定："教育会向布恩夫妇和美魏茶牧师表示感谢，感谢他们在教学方面做出的杰出贡献。感谢布朗先生出访新加坡时他们对图书馆的管理，而他们没有接受教育会任何额外经费的资助。"

布恩先生简短地回应了这个决定，他说自己为教育会所做的工作完全不值得这样的感谢；他做的这些微不足道的事情也为自己带来很多快乐。如果他有机会再做类似的工作或者尽其所能做更多的工作，他仍然会获得同样的快乐。美魏茶牧师回答，在他看来，即使存在感激，也应当是彼此的相互感激。因为推动教育会实现其宗旨，这对于他来说一直是份殊荣，现在他仍然这样认为。在马礼逊教育会开办的学校里看到为中国学生造福的源头，他获得了极大的满足感。他相信，这份工作将继续扩展并完善。他很高兴地表示，现在他们所资助的学生在智力上进步很大，这有力地证明了中国民众的心里正在进行着激烈的思想斗争。同样，对今昔学生之道德水平做过比较的人也会欣喜不已。他总结说，教育会的朋友们受到鼓舞，他们必将这项事业继续下去。

紧接着，裨治文先生站起身来，询问是否可以请教育会来关注一下学校的办学情况，其发言如下：

从学校开办以来，我每周都去参观一次，有时甚至更频繁。这些非正式的访问给我很多展开调查的机会，我观察了学校教学活动的整个过程。对在座的每位理事而言，我们的评价胜过满意。有些成员只看到了今天上午我提交给大会的报告，但这份报告并不能体现全部的学校管理工作，我也很难为大家描述这些工作。你们必须走进教室，观察那里的日常活动，才能充分了解这些工作的数量和所取得的成绩。除了教授课程和每天固定时间听学生背诵课文外，这些责任所带来的负担，只有在亲自体验后才能有所了解——如果没有这样的经历，起码我永远不可能明白。教师们精心地为学生的幸福着想（据我了解是这样的），却常忽视随之而来的沉重的负担，有时，他们还没意识到这是对他们精力极限的考验，就已经投入工作中。学校的工作任务一直都很重——我认为这比同事们想象的还要重；他们的工作为学生带来的帮助，比大家想象的要多：对于这一点，我可以肯定，至少这是我的真实感受。我估计，学生人数大概只有预计情况的一半左右。也许有人会对学生人数少而表示遗憾；我却不以为然。布朗先生需要很多时间来学习中文，他已经取得了很大的进步。学校有了不错的开始，在我看来这比任何开始都要成功；现在，在我们资金允许的情况下，学生的数量将会有所增加。会长先生，我不会对这一问题发表过多的意见，但在我坐下前，我还要鼓励大家。大家努力学习，辛勤教学，周围所有人都对大家怀有赞许、理解和支持的心情，对此我们感到慰藉。虽然感谢之辞不花一分一厘，但都是名副其实地属于大家。教育会将给予大家更好的鼓励：虽然经费紧张，但承诺一定会兑现；会长先生，您和在座的每个人都将希望在此会议记录里记下我的这项提议："教育会决定向布朗夫妇表示感谢，感谢他们在为中国年轻人开展教育的实践中表现出的关注、勤勉和热情。"

颠地先生紧接着说：

我担心过多的发言会影响裨治文先生致词的效果，但我衷心地支持这项提议。裨治文先生的发言来自和布朗夫妇近距离的接触，以及对他们管理规划、日常工作所取得成绩的深刻理解。这样的机会比较有限，对于我来说，通过参观学校的创立和对学生的检验，我很高兴地看到他们所取得的进步。他们安分而愉悦的举止，周围整齐而舒适的氛围，这和他们平常所习惯的环境有所不同。我认为，布朗先生的工作在任何时候都是有价值的，在事业的初始阶段得到他的帮助，教育会是非常幸运的。他对学生们的关心一丝不苟，同时保证自己的中文学习，他本着发展的目的致力于教育，运用其能力、学识，耐心地探索，尽心尽力地做事，我想我们有信心在不久的将来看到教育会实现更伟大的目标。我由衷地相信，不论对他们自身还是对教育会的利益而言，布朗夫妇的健康将保证他们继续这项已经成功开启的事业。

接下来大会对这一提议进行表决，得到大家一致的支持。

布朗先生对于该决议作出如下回答：

会长先生，我并不是一个轻视别人善意的人，尤其是当这份善意来自个人努力取悦的人。我认真履行他们分配给我的职责，希望他们满意，但请允许我说明，这样的感谢我受之有愧。如果我真的在推动教育会发展方面取得了成绩，那也是我应该做的。这正是大家所期待的，因为"人若知道行善，却不行动，这就是他的罪过了"。另一方面，我非常感激教育会成员为我提供充足的资金支持来实现教育会的计划。

在我寄给委员会的报告中，也就是今天给大家宣读了摘要的报告中，我作为教育会代表所做的全部工作都得以阐述。你们由此了解到我关注的主要工作，学校里教授的课程，迄今为止取得的成绩、产生的影响以及成败得失。在报告的结尾，我有机会感谢理事们去年夏天批准我暂时离职。虽然我不得不离开的原因有些让人困扰，但我因此获得机会考察和了解其他地方类似学校的情况，我很高兴有此机会来推广教育会的宗旨；我相信，我不仅保障了家庭成员的健康，而且在这里增强了从事教育事业的能力。对于这两种结果，我都应该感谢那些掌管教育会事务的先生们。

新加坡和马六甲中国学校的情况已经简短地向大家报告过了。在此只想借机表达我之前略微提过的信念，就不再耽误大会的议程了。

我在此提出这个问题并不是因为它陌生，其实它可算作教育会成立的初衷之一。会长先生，马礼逊教育会的创立者为其事业选择了最好的地点。如果我们希望对中国主流的教育体系进行改革，那么我们必须利用中国自身的努力来实现。我并不是要阻止好心人在海外华人聚居地开办中文学校。他们的这些尝试取得了巨大成功，即使我个人以前的想法与此不太一样，也不得不认可这些做法。在海外华人聚居地开展教育事业的人，的确对当地社区产生了潜移默化的影响，尽管这些影响有限，但从社会层面上讲，对基督教事业产生了积极作用。不过，就我目前的判断，这种办学方式很难在本土社会引起显著影响。殖民地和宗主国的关系就是最好的例证。谁会认为新南威尔士[①]或加拿大[②]采取的改革措施会引发英国的大革命呢？这是朝着事物相反的方向发展。而另一方面，殖民地往往会在第一时间感受到宗主国社会变革所带来的影响。眼前这个例子就能说明问题。中国人一旦出国，就被列为不法之徒。中国人在其他国家参与社会活动也不能融入该国家，海外的中国人与中国几乎没有任何关系，就好像他们在世界上消失了一样。从人的角度来讲，海外的中国人彻底地与本国民众分离，我们还能期望他们有什么作为呢？他们肯定不会为中国民众生活水平的改善做出太大的贡献。

或许有人说，很多移民回到自己的祖国，就可以恢复和本国民众的联系，他们在国外的经历具有很多优势，而且他们还有可能拥有世界上较开化国家的教育背景。如果这种情况发生，学校带给他们的价值就会得到提升，用这种方法间接回报中国。根据我在这方面获得的可靠信息，移民出国的一百个中国人中，回到中国的人不超过三四个，甚至更少。这难道不能说明，在国外为中国教育所做的工作大多局限在当地，而这些享受福利

---

① "新南威尔士"（New South Wales），亦称"新威尔士"（New Wales），1770 年 8 月 22 日，航海家詹姆斯·库克（James Cook）进入澳大利亚东海岸波塞申岛（Possession Island），将此群岛命名为"新南威尔士"（"新威尔士"）。今指澳大利亚东部的新南威尔士州。

② 原文为"the Candas"，是位于加拿大的"Upper Canada"和"Lower Canada"两个英国殖民地的统称。

的人中，只有极少数人回到中国？

假设更多的人会回国，怀着最诚挚的心为中国人民贡献力量，这些人马上又会被扣上"和'蛮人'一起学习"的帽子。现在中国人眼中的外国人傲慢专横，他们认为外国人教授的都是神秘的"外来"道德经。会长先生，您很清楚这就是中国人对于来自其他国家人们的看法，我们在这里进行的每项改革举措都会遭遇这样的看法。

或许有人认为，我们现在的工作有同样的困难。从性质上看，是这样的，但其困难的程度却有所不同。首先，教育会教授的学生就是中国人，他们进入我们的学校，而他们这样做并没有放弃中国国籍。他们进入学校得到了身边朋友们的赞成和认可，他们也是这个国家的国民，这在某种程度上保证了他们学成后重归故里，人们乐意将自己的孩子送去学习。所以在教育会的学校接受教育的学生，比起在国外接受教育的学生，不太可能遭受前面所说的偏见。这是理所当然的，也是我们所希望的。比起那些整日与其他国家的学生混在一起的孩子而言，在学校接受教育的学生也不会忘记同胞的特点、情感和爱好。仔细观察马六甲海峡地区的中国学生，很快就会发现他们常与外国人相处所带来的影响，随着时间的推移，这种影响会越来越明显，像纽带一样把他们系在原地，或者削弱他们回国后对中国人的影响。但是我们可以保证，我们教育的所有学生都将回到本国人中间，在今后的生活中和同胞联系在一起。虽然他们在很多方面有所进步（这是我们希望看到的），但他们仍然是中国人。

海外华人与中国民众之间最重要的隔膜是，这种环境下成长的孩子的母亲是外国人，对他们父亲所说的语言一无所知。我见过30多个这样的男孩子，从十岁到十三四岁不等，除了叫出常见物品的名称外，其中只有一人会说少量中文，他们也要经历我们这样的学习过程。会长先生，学生精通本国语言对于教育会的成功至关重要；否则他们永远不能将外国的知识转化成中文，也很难受到人们的尊重，因为广博的文学造诣是通往显赫和卓越的必经之路。我认为，在正常情况下，在海外华人聚居地出生和成长的男孩子是不可能直接影响中国的。如果能够在中文学习上取得成绩，他的发展将会令人满意。

我相信教育会的成员们都和我有着相同的观点，即我们的工作在这里；虽然我们的工作都是有用的，但工作的努力方向应该在中国本土而非其他国家。

教育会创始人非常明智地决定，在华外国人要尽可能地接近中国民众，将教育会的福音送到他们手上，让他们接纳。在这里，我以教育会的名义表示，我们将采用积极的方法努力使中国人确信接受教育的价值。为了这项工作，我将赴汤蹈火，在所不惜。

颠地先生站起来说：

我提出如下提议供会议商榷，如果今天出席会议的人员更多，将使我更有信心："大会决定，理事会将采取措施，增加每年捐款人数和捐款数额，努力争取招聘其他教师，并相应扩大在校学生人数。"

提议中的要点应该属于理事会的职责范围，通常情况下他们会履行自己的职责并提出意见，但是他们并没有对我们的不同意见提出异议，因此我们并没有做出决议。出席大会的先生们认识到，本届理事们的任期还有两年——在这段时间里，他们毫不犹豫地承担了布置教育会运行所需日常工作的任务；现在教育会应该与他们续约并增加其薪酬。他们觉得自己有义务推迟与此相关的任何议程，直至教育会成员对此发表意见。我非常期待你们确认这项提议，也希望你们清楚地了解所有人因此承担的责任。这不仅仅是一个筹集资金以满足现在和未来越来越多开支的问题，更重要的是要聘请一位教师来这里。布朗先生允许我告诉大家，他有位同事具备良好资历（我们不需要更多的证明），或许愿意接受我们的邀请。这位准教师在开始阶段费用不会太高，因为他需要时间与布朗先生保持联系。不过，这没有实质上的改变。布朗先生的情况有所不同；他已经在这里，而且我们彼此承诺共进退；要求一个人离开家庭和朋友，这会加重我们的责任，需要认真地思量。另一种情况是，现在我们已经克服了所有初期的困难，取得了令人满意的进展，今后努力的道路已经在我们面前展开，前景更为光明；然而假如布朗先生因病痛或其他不幸离职，我们甚至没有一个人来填补他的位置，我们将被迫在这条有裨益的道路上停下脚步。但我现在具有十足的信心，具有教育会创办以来最充足的信心，在华外国人和国外教育界的朋友们会对我们的请求作出积极响应，因为我们的请求有理有据。我并没有试图左右结果，但我仍然强烈鼓励大家赞成我的提议。

　　裨治文先生支持颠地先生的提议，并对此发表讲话：

　　很多捐款者是外国人，他们没有出现在名单中，对此我们需要作出解释。也许理事们不该这么做；但事实上，自教育会成立以来，他们从未让社会捐款者在名单上签名。可我知道，现在很多中国人愿意资助教育会，因为他们表达过捐款的愿望，这样的机会不久后就将出现在他们面前。

　　我很想就另一个问题补充两句。刚才我们作出决定，教育会年度经费在一定范围内保持不变，因为它们只会随工作力度的改变而改变。为了支付工资、租金等固定的费用，我们必须拥有同样固定的收入。除了我们研究过的决议，我想提出以前听到过的一个建议，那就是建立教授职务来帮助教育会。在优势明显的国家里，这些事情很平常。我相信印度已经建立了这样的制度。我相信在不久的将来，中国也会建立同样的制度。保证学校为有能力的教师长期提供资金，这是崇高的，与中国随处可见的慷慨的精神完全吻合。关于这种慷慨的最新例子就是罗心治（Rustomjee）先生对海员的捐款。教授制的建立将为本国年轻人保证文科或理科教师稳定的出勤，这是慷慨的表现。这样做还可以将创立者的名字及对他们的感激和怀念流传给后代，永远传承人们对后世弥足珍贵的祝福。

提案被一致通过。随后，出席会议的理事们以无记名投票的方式选举下一年教育会任职成员：

会长：颠地先生

副会长：贝尔先生

司库：马地臣先生

联络秘书：裨治文先生

会议秘书：马儒翰先生

审计员：莫斯先生与马地臣先生

投票结束后，会议事务进行完毕，大会圆满落幕。

10 月 29 日后记

上次教育会全体大会结束后，报告还在印刷出版中，学校又招收了 12 名新生，这样学生总数达到 18 人。其中的三四名学生等待了一年才被录取。教育会乐意接收更多学生的愿望一经公布，很多人提出申请。如果教育会有能力培养更多学生的话，以其现在的办学条件，它想接收多少学生都没有困难。

最近入学学生的家长以及几个高年级班的学生家长，在为期一个月的学生性格与能力实验后签署了书面保证，有资格的学生必须在学校接受一定年限的教育。如果在到期之前离开学校，家长需偿还教育会为该生支付的全部花费。

备注：由于篇幅所限，这里不能刊载教育会的财务状况。教育会财务报告显示，教育会及学校接受的捐资总额为 9820.75 美元，总支出为 7636.25 美元，财务余额为 2184.5 美元。

马礼逊教育会捐款名单 [①]

贝尔先生捐款——50 西班牙银圆

波瓦洛少尉（孟加拉工程师）捐款——25

波瓦洛少尉第二次定期捐款—— 41.25

裨治文牧师捐款——100

郭雷枢医生捐款——100

科克斯先生捐款——25

丹尼尔先生捐款——100

颠地先生捐款——500

罗伯特·迪格尔先生（巴达维亚）捐款——100

罗伯特·迪格尔先生第二次定期捐款——50

丁肖·富尔多杰先生捐款——50

德拉蒙德阁下（The honorable Capt. James R. Drummond, R.
N.）捐款——25

义律上校（Capt. Charles Elliot, R. N.）捐款——50

法勒上尉（Capt. W. E. Farrer）与 H.C.S. 奥韦尔上尉（H. C.
S. Orwell）捐款——100

亨利·费森登先生（Henry Fessenden, esq.）捐款——10

托马斯·福克斯先生捐款——50

弗雷姆吉·佩斯托基先生捐款——500

吉尔曼先生捐款——25

约翰·C.格林先生捐款——100

---

① 　此名单为《中国丛报》编辑部出版单行本《马礼逊教育会年度报告》所载内
容。单位为西班牙银圆。

J. P. 格里菲思上尉捐款——25

郭实猎牧师捐款——50

W. H. 哈顿先生捐款——25

W. H. 哈顿先生第二次定期捐款——15

G. J. 希金森先生捐款——25

海因上尉（Capt. John Hine, E. I. S.）捐款——50

罗伯特·英格利斯先生（Robert Inglis, esq.）捐款——500

因义士先生（已过世）捐款——100

查顿先生（中兰里克堡）捐款——1000

安德鲁·约翰斯顿先生（Andrew Johnstone, esq.）捐款——100

胡夏米先生（国会议员）捐款——100

H. 洛克伍德牧师（Rev. H. Lockwood, 美国）捐款——10

查尔斯·W. 金先生（Charles W. King, esq.）捐款——25

威廉·麦凯上尉（Capt. William Mackay, "仙女号"双桅船军官，已过世）捐款——50

威廉·麦基利金先生（William Mackilligin, esq., 英国）捐款——50

托马斯·麦克米金先生（Thomas McMicking, esq., 新加坡）捐款——25

三孖地臣先生捐款——50

马地臣先生捐款——500

巴特·梅特卡夫爵士阁下（His excellency Sir C. Metcalfe, Bart., Governor of Jamaica）捐款——50

F.J. 莫里斯先生（孟加拉）捐款——50

马儒翰先生捐款——250

马儒翰先生第二次定期捐款——200

莫斯先生（William H. Morss, esq.）捐款——25

慕勒先生捐款——25

威廉·诺里斯先生（Sir William Norris）捐款——45

奥立芬先生（纽约）捐款——500

伯驾牧师捐款——25

黎富恩先生（伦敦）捐款——50

里奇先生（A. A. Ritchie, esq., 年度）捐款——10

罗伯逊先生捐款——25

罗白生爵士（英国）捐款——100

桑普森先生（波士顿）捐款——25

施瓦贝先生捐款——25

梅威良先生捐款——25

希莱伯先生（John Shillaber, esq.）捐款——50

叔末士牧师捐款——10

施赖德先生捐款——10

司米坦博士（Dr. Smyttan，孟买机构）捐款——48

斯夸尔先生（E. B. Squire esq.，英国）捐款——10

史第芬牧师（已过世）捐款——10

斯特罗恩先生（James Strachan, esq., 马尼拉）捐款——25

J. B. 桑希尔先生（孟加拉）捐款——50

图尔纳先生（已过世）捐款——100

韦特莫尔先生（纽约）捐款——100

瓦特曼先生（John C. Warteman, esq., 英国）捐款——500

卫三畏先生捐款——30

威士上校（Colonel W. S. Whish）捐款——253

马礼逊教育会参与机构（参与人）

新加坡 A. L. 参逊公司

马六甲怡和洋行赖发洛先生

孟买伯恩洋行麦克维卡先生

伦敦汉基先生

纽约同孚洋行塔尔博特先生

第五章　马礼逊教育会 1842 年报告 [①]

现在，马礼逊教育会第四次年度报告呈现在成员和朋友们面前。理事会感谢上帝保佑教育会在贯彻其宗旨的过程中稳步发展，并为我们所做的善事以及展现在我们面前的美好前程向教育会的朋友们表示祝贺。

我们在这里必须提及，上次会议召开后的 12 个月里，情势发生了一些变化。此间，教育会早期最亲密的资助者离开了中国。贝尔先生、马地臣先生和颠地先生返回英国，这样理事会就出现三个岗位的空缺。理事会任命莱斯利先生（W. Leslie）接替贝尔先生副主席的职位，三孖地臣 [②] 接替马地臣的出纳职位，牧师裨治文博士接替颠地先生的位置，行使主席一职；布朗先生同意担任记录秘书，接替马儒翰先生。今年马儒翰先生奔赴中国东北海岸的计划由于事务繁忙而一再推迟。理事们希望教育会能够批准这些临时的安排。

教育会的资金运作状况将在之后的财务报告中有所体现。作为对这份报告的补充，在过去的一年里，捐款人数有所增加，

---

① 译自《中国丛报》1842 年 10 月第 11 卷第 10 期第 541—557 页：马礼逊教育会 1942 年报告（1842 年 9 月 28 日宣读）。

② 三孖地臣（Alexander Matheson，1805—1886），又译为马西森、亚历山大，英国鸦片商人，怡和洋行创办人马地臣的侄子。

有些捐助者非常慷慨，其捐款完全出于自愿。由于理事会最近呼吁海外社会捐款投资，使得学校的地位得到提升，并且推动了教育会的运行。另外，几名中国居民将向教育会进行记功名捐款。

去年 2 月，理事会以会长名义，在英王全权特使从华北归来后寄给他一封信，内容如下：

尊敬的璞鼎查爵士阁下[①]：

作为马礼逊教育会的主席，请允许我向阁下简单介绍一下教育会。我呈递给您的报告中详细阐述了教育会的宗旨，以及在困境下取得的成绩。我们非常有信心，教育会奉行的宗旨会得到您的鼓励和支持。言归正传，我马上向您说明我写这封信的缘由。

教育会的朋友们认为，现在是扩展教育会工作的绝佳时机，英国人占领香港为此提供了合适的机会，因为只有在这里，我们才能受到保护并具有发挥能力的机会。

因此，我代表教育会恳求阁下，在香港合适的地方为我们批准一块土地，用于建造住房和教室。

愿为阁下效劳

马礼逊教育会主席颠地

澳门，1842 年 2 月 21 日

---

① 璞鼎查（Henry Pottinger，1789—1856），又称砵甸查、砵甸乍、波廷杰。英国外交官，首任英国驻华公使兼香港总督。1843 年 4 月 5 日，璞鼎查到港正式任职香港总督，1844 年 5 月离职。

第二天我们收到回复，教育会的愿望很快得以实现，内容如下：

致马礼逊教育会主席颠地先生：

璞鼎查爵士授权我来回复您昨天的来信以及马礼逊教育会的报告。

阁下无论公开还是私下都对您所述内容感同身受，他过几天回到香港后，尽快找机会，遵照女王将来可能针对慈善事业制定的规定，满足您的需求并提供合适的场所。

愿为您效劳

贸易部长代理/秘书与司库马儒翰

澳门，1842年2月22日

上述通信之后，理事们考虑到总督阁下对教育会给予的及时关注，任命三名成员组成代表团拜访阁下，一方面感谢他作出的承诺，另一方面邀请他担任教育会会长。4月3日，代表团完成这项差事并记述颠地先生与璞鼎查爵士会面的备忘录：

1842年4月5日，澳门

马礼逊教育会理事会任命的代表团由牧师裨治文博士、三孖地臣先生和莱斯利先生组成。他们在午后拜访璞鼎查爵士阁下，受到阁下的热情款待。他们向阁下递交上年度大会决议，阁下表示，他愿意担任教育会会长，感到非常满足和荣幸，并向代表团保证他迫切希望以各种公开或私下的方法来宣传教育会的宗旨。他认为，初等教育不仅是提高中国文明程度的方法，还是中国人皈依基督教不可缺少的前提；马礼逊教育会及相关机构旨在为大众服务，它有权利得到英国政府一定程度的关注和支持。颠地先生说，在女王处理香港事务的时候，这件事应尽早呈上，因为他觉得教育会应当获得每月或每年的定期补贴，就像在印度那样。

在整个谈话中，璞鼎查阁下明显对教育会的福利更有兴趣，他说自己很高兴地阅读了所有的年度报告。代表团离开前，阁下要求我们不断地告知他，怎样做才能推动教育会利益最大化，以及教育会期待的美好目标。

理事们从这些对教育会的关注和来自其他地区的关注中受到鼓舞，同时由于形势所需，4 月 9 日，理事们开始实施上次年度大会颠地先生作出的决议，"努力争取招聘其他教师，并相应扩大在校学生人数"。考虑到美国纽黑文耶鲁学院委员会的先生们上次作出的良好选择，我们毫不犹豫地再次提出请求，推选一名教师来中国。这项请求在 4 月发给之前那位先生，我们希望在来年冬季，教育会能够看到另一位教师投身这里的工作，这项需求一天比一天强烈；因为现在一个教师不可能满足学校教学上的需要，而在我们所处的形势下，教育会必须扩大规模，进而导致人手上更大的需求。中英两国终止战争，使我们有了第一个向中国人展示基督教教育优势的机会……如果具备了人力和财力，我们可以马上开办百名学生的学校，人数亦可相应增加。我们的影响力在不断扩大，学校不再像往日一样，局限在狭小的地区，唯恐超出范围，约束和限制逐渐离我们远去，我们得以在广阔的舞台上施展才能。理事们给布朗先生寻找助手的行动只是计划中的一步，朋友们不会停止对教育会工作的赞助，而这些对学校的持续繁荣起到重要作用。

前往英国前，颠地先生要求他的代理人在"委员们决定在香港修建学校"后马上为教育会支付 3000 美元。校址已经选好，但制定规划和签订合同在 8 月 5 日才被商定，理事们认为将开销控制在 3000 美元内比较合适。

校址在各方面都能满足教育会的需求。学校建在山上，北面毗邻海港，东临黄泥涌山谷，南边是皇后路，西边与中华医药传教会的一块地连接，两块地位于同一排。以后它有可能朝东西向扩展至小镇的中央，引人注目而幽雅僻静，站在此处可以俯瞰陆地和海洋全景。房屋设计从外形开始，由主体和两翼组成；一层楼高。主体部分长 63 英尺，宽 55 英尺，分为 6 个房间，每个房间长 25 英尺，宽 20 英尺。同样，两翼每个长 63 英尺，宽 24.5 英尺。东边全部是学生宿舍，足够 20 个男孩和 2 位中国教师居住，每间房住一人，房间里备有床和书桌等固定设施，这包含在建筑合同里。西边分设两个房间，长 25 英尺，宽 21 英尺，还有一个小储藏室，长 21 英尺，宽 10 英尺。其中一个大房间将成为教育会的图书馆，另一个为背诵室。

理事会已经签署合同，首先建造房屋的两翼和背面的厨房，这里将成为学校和布朗家简单的临时住处。为图书馆和背诵室建造的房间将为布朗家庭所使用，直到主楼按期建造完成。布朗先生在澳门的住处于今年 11 月 1 日合同到期，为了节省教育会年内房租的开支，他没有续签合同。学生们对迁至香港表示期待，我们有理由相信他们会全部迁移，他们的朋友也会为此而高兴。但是，如果其中一两名学生由于这次搬家不得不退学，那么我们很快会在香港填补空缺；因为那里已经开始入学申请，包括部分有能力且愿意自己承担费用的学生。毫无疑问，申请人数一定会超过我们目前所能接受的学生。关于学校的其他情况，理事们将布朗先生以下来信作为报告宣读，这些来信为教育会带来极大的鼓励和满足。

1842 年布朗先生关于学校情况的报告

致马礼逊教育会理事：

先生们，我很高兴在此依照惯例提交关于去年教育会学校情况的报告，因为每年这个时候，你们都需要掌握情况，收集素材，从而撰写呈交给教育会出资人的报告，向社会公开的报告，甚至更多报告。我相信你们将会对我所要介绍的情况表示满意。

上次年度报告的附录写于 10 月 29 日，其中介绍说，学校招收 12 名新生，后来又有 2 名学生和其他学生一起入学。这样，截至 1841 年 11 月，加上班里原来的 6 名学生，现在班级共有 20 名学生享受教育会的资助。12 月 10 日，另外 1 名学生入学。这个男孩原本属于 1840 年招收的那个班级，他在学校完成了 9 个月的学习，直到关闸之战当天父亲勒令他退学，他自己极不情愿退学。从那时起，他就一直申请，想再次被录取。

为了不让那些希望孩子违背教育会合约的家长有先例可循，我们认为推迟他的申请比较合适，直到大家认识到不守约定的家长要想孩子重回学校是相当困难的。但是，这次的情况不是男孩子的错误，而是他父亲的不对。18个月后，这个男孩重新被学校录取。他缺课的时间是之前他在校时间的两倍，但他回来之后，我惊喜地发现他的英语阅读和口语水平与他离校时基本持平。他入校后的表现也令人非常满意，学习兴趣十分浓厚，且和老师联系紧密。

这个男孩再次被录取，使得在校学生人数增至21人。但是试验期结束后，我们发现其中5人要么学习能力不足，要么进取心不够，被学校退学。所以，在过去10个月里，在校学生一直是16名。这些学生的年龄从10岁到16岁不等，他们被分成两个班，只有一人介于两个班之间。

他们开展学习的大体计划和我写给理事会的上封信中介绍的教学计划相差不大。每天上午进行中文和书法学习，其余时间用于英文学习。中文课堂上，他们仍然采用中国传统的教学方式，教师还是去年那位中国老师。他的教学效果与中国大部分教师持平，他和大多数中国教师一样对所从事的工作颇有兴趣。10个男孩已经或基本能够背诵四书，并且他们已经复习了一遍。高级班的一个学生已经开始阅读朱熹编写的集注，并努力加以理解消化。大多数学生理解孟子著作的意思，部分学生理解孔子的文章，最难的是《诗经》(*The Book of Odes*)，没有一个人理解其篇章的内涵。有些学生可以将孟子的文章翻译成清晰的英文。在我的指导下，他们或多或少地练习过将部分

《新约》(*The New Testament*) 译成中文。在这方面，他们表现出不同程度的天赋，其翻译水平基本上与他们掌握的英语语言知识成正比。偶尔我会要求他们用中文写信，与中国学校同年级比，这种训练算是比较超前的。结果，他们说自己的英文写作能力比中文强，我对此深信不疑。

在练习时把中文写正确，也绝对是一项需要长期学习和锤炼的功夫。从中国作家的情况和学校的普及程度上看，掌握中文的人比我们想象的还要少。中文的语言结构并不复杂，从语言结构的复杂性层面来说，中文算是结构最简单的语言之一，原因在于每个汉字都是一个任意的代码，而不是由规律性读音的字符组成，人们必须将自己置身在这样奇怪的大量符号面前，而看上去它们的结构设计对读者发音及其判定一点儿帮助都没有。作者了解它们之间的结构和配合后，才可以选择并组织系列的字来表达意思。为达到这个目的，人们必须在记忆中储存大量如此奇怪的字体结构，才能连同其含义完整地书写在纸上，并遵从一定的汉字笔画及其位置规则。难怪那些拥有教育优势的中国人也要进行长期的学习才能写出不错的文章，而这样的水平还不能说很有文采。学堂的学生们觉得英文写作比中文写作容易，这样的认识并不奇怪。任何由字母组成或音节构成的语言在本质上都比中文容易掌握。从某种程度上来说，由于思想需要而发明的语言通常都会导致字母的产生。

我在给理事们的上一篇报告里大胆提出，中国学堂的传统教育方式并不缺乏优势和道理。众所周知，学生们通常花费六年、七年或者八年时间来大声朗读课文，反复记诵。在这段时间里，唯有记忆功能得到了练习，就像孩子跟着妈妈重复弥尔顿（Milton）的诗句。这只是对字形字音的简单记忆训练。学校并没有尝试教授学生更多的知识，直至学生能讲中国话并背诵，"背书"即用背朝着书同时复述其中的内容。

在我看来，只要这些书在中国学堂里继续作为课本使用，就必须采用这种教学方法。这些书的题材根本不适合儿童的思维，即使内容降低到儿童教育的程度，大部分写作的风格对于男孩子来说也很难理解。为年轻人解释中文经典的意思，使他们能够理解，这样的工作比起让他们逐字逐句背诵文章要花费更多时间和精力，如果老师真能给他们解释明白的话。所以，中国这种传统的"动脑也无益"的教学方法，似乎是使用这些教材的正确方法。如此看来，现在进行的教学已经做得很好，它也是最先尝试的；这种教学方法也最适合学生的思维，因为只有理解和记忆在发挥作用。任何地方的社会习惯都是反复尝试的结果；另一方面，那些和生活直接关联的东西可以被追溯到最初情况下其存在的原因。原始人对自己的茅舍感到满意，因为当他迫于生计将其舍弃时，不用花费一分一厘。的确，公寓对于他们这种生活习惯的人来说，恐怕不是很好的选择。这样的情况必须得到改观，否则交换房屋对他来说总是不利。所以中国的学校也是这样。错误并不在于学习的方法，而是在学习本身，我们必须做出创新，否则它不会给我们带来任何帮助，只会使我们为学习方法而烦恼。只要孔子和孟子的文章集被认为是年轻人智力和精神的食粮，我们就必须承认中国传统教学方法是唯一可行之路。

如果这些书不再用作教材，那么我们将有时间在教室的使用上进行革新。现在的尝试就是试图使学生跨越自己的思维和作者所写主题及其风格间的鸿沟。中国教学方法不进行这样的尝试，而是将思维停滞在他们力所能及的地方，将理解消化所作的努力留到更高级的学习阶段。

对中国教育系统真正的异议在于前面所说的课本。在学校，每个年级欣赏和采用统一的课本，其他教材均被排除，只有高等学校采用几本礼教方面的书籍。事实上，中国学校所能提供的最好教育，就是教一个人学会自己的语言。不是科学，也不是艺术，而是出现在所有地方的教育计划里的写作。学习语言也不例外，因为每个学生都是通过单纯模仿优秀作者文章节选来学习语言的，死记硬背，而不是从哲学的角度学习。据我所知，概括归纳能够帮助学生进步，因此用哲学教授语言就使得这个教师变得不称职。

最为遗憾的是教育过程对整个国家的思想带来的影响，教育不能充实知识领域，尤其是几个最需要而最有用的领域，它将渴望学习的年轻人和年长者的思想局限在满篇尽是深奥而抽象、理想化谬论的书本里，以及偶尔的现实智慧里。它教人们将这些书籍看作所有学校需要和值得学习的知识储藏室，从法庭上的高层人物到田间、商店里最底层的劳动力，所有人都习惯听取老人们的建议，最耐心的倾听者一定会得到提升。这个国家的观点就是系统地教育人们不要去思考，像他们的文字一样，判断能力早已被拘束，别人评价埃及的一句话用来评价这个国家可谓恰如其分——中国已僵化。

我在这个问题上进行了深度讨论，因为我从未见其在别的场合被讨论过，而且我认为，这个问题显示出了我们工作中最大的障碍，我也因为所处的职位要经常注意这样的问题。我们是否可以在中国为中国人成功更换其他有文采而又合适的教材——全世界的学校都在使用的课本。我深信，下一代人的智力和广博的知识面要明显优于使用旧方法学习的人们。也许香港岛割让给英国为我们的实验开辟了场所。进行大规模的改革，需要长时间与中国民众保持和平友好的关系，需要足够的时间消除他们对我们及教育的偏见。我相信，现在我们就可以开始，因为我在写这篇报告的时候，坚持"持久和平"的消息呈现在我们面前。通过在中国以及代表中国建立的慈善机构平台，我们热切期待伟大的思想从国外为我们带来生机和活力，虽然这一天还很遥远，却正向我们走来。

同时我们不能松懈，因为我们可以开展新活动来激励学生，让他们为昏睡的人们作出榜样。马礼逊教育会采用的教学计划弥补了中国教育系统的缺憾。我们向学生介绍英文著作中的知识，虽然我们不会告诉学生中国教育的弊端，但我们会竭尽全力为他们传授西方知识，以此来保证他们作为中国民众受到重视和尊重，同时启发他们的智力。推理力、判断力、想象力、感情和良知，这些不幸被忽视的内容在这里通过外国的教育方式提供给学生。接下来我要介绍学生英文学习的进步，以及他们性格的塑造。

对去年秋天开学的班级，当然要从教他们阅读开始教育工作。为此，发给他们著名作家写给孩子们的启蒙教材《儿童初级读本》(*Mother's Primer*)。跟随作者的计划，他们首先学习字母，之后学习名词。起初，学生们好像并没有普通教学模式下进步得快，过一段时间之后，他们成绩显著，比起刚开始通过发音或名称学习符号、字母，他们的兴趣更加浓厚了。新方法在学习外语的时候还具有双重好处，这种方法进行很多发音练习，而这种练习必须在年轻的时候进行，否则以后永远掌握不了。除了这些练习，学生们还学习使用简单的英文句子，理解并提出简单的问题。一般先学习简单的疑问句"这是什么"(What is this？)，事实证明，这是学习很多知识的关键，尤其在学习事物名称的词汇时。他们学完初级读本并完整地复习后，可以读懂一些书，接下来的课本是上次报告提到的含有 1200 条英文短语的合集，翻译成对应的中文短语。他们诵读这本书并复习若干次；在对话中学习使用地道的英文，而阅读英文文章对他们很有帮助。大半年里，他们每天都会背诵这本课本，还上写作课和阅读课。我很高兴这个班级有幸一直在高年级的影响下成长，这使得该班级和学校以及他们家庭的联系更加紧密。对于英文学习的进度问题，我在后面找机会详细介绍。

毫无疑问，高年级学生的学习涉猎更广。到 11 月间，班里一名学生入校满三年，其他学生比他少几个月，只有一人入校仅一年零九个月。他们经常练习写字，以写文章来表达自己对各种问题的观点。这通常是他们晚上的作业，第二天文章将在全班面前做修改。如果作者本人不能马上提出修改意见，老师会叫其他同学轮流提意见，这样每个人的文章都得到了所有学生的分析。大家可以从附在该报告后的范文中看到其写作的进步。大家或许能看出来，这些范文反映的是他们的真实水平，原创并且从未经过作者本人以外他人的修改。

阅读课程要求他们用中文口头描述所读到的内容。这样的练习最能看出他们思想的局限性，因为他们总在中文的用法上原地打转。他们经常碰到以前从未接触过的观点、情感和事实，如果没有学习英文阅读，他们永远也想不到。这些知识对于有普通阅读能力的英国和美国儿童来说一点儿也不陌生，儿童读物的作者也想当然认为它们可以被年轻的读者理解，但对于学堂里的学生来说，这些却是陌生而令人惊奇的，因为这些话题完全是外来的，中国人要在这上面多动脑筋。当然，在日常琐事上，任何一个男孩子都可以成为大家的老师。

年初，这个班级的阅读课都是用上述提问和复习的方法进行，盖劳特（Gallaudet）编写的《儿童心灵课本》（*Child's Book on the Soul*）受到大西洋两岸人们的认可和欢迎。我们计划用它来讲述精神哲学最简单的真理。学生很感兴趣，因为他们能够理解并且主动与学过的知识联系。另一个班级同样使用短语课本并且全部铭记在心。之后，他们学习盖氏（Guy）的地理课本和彼得·帕利（Peter Parley）讲述世界的故事，后者主要包括英美历史事件，勾起孩子们的兴趣并帮助他们记忆。这本书还体现了作者的风格。他们还认真学习并背诵休谟（Hume）《英国史》（*History of England*）的节选，已经学到亨利八世（Henry VIII）时期。

我们在算术教学上一直缺少教材，直到几个月前，英国提供了部分教材，以及其他有用的学校课本，福克斯先生以其善良与慷慨使教材匮乏问题得以解决，教材被邮寄过来。我违背初衷采纳教授算术课的教学计划，刚好手边有几份代数课的资料，因此我转而选择了教授代数课。大家会认为，在掌握算术之前学习代数为时过早。我却觉得学生需要学习数学，在相当长的时间里，我让学生在黑板上学习方程式的解法，解答应用题。他们学完了基础代数，以及部分代数的高等运算，并接着学习含有两个、三个和四个未知数的简单方程式的解法。所以在拥有自己的课本之前，他们的代数知识就已经具有深度。然后，给他们发放科尔伯恩（Colburn）① 的《代数学》（*Algebra*），他们学到了这本书的第 40 页，几乎从头到尾学完了所有的问题。

与此同时，其中两名学生完成与其他同学一样的进度之后，还有剩余的学习时间，他们开始学习莱菲尔（Playfair）的《几何学》（*Geometry*），每天学习一小时，其余同学则用这段时间学习代数。他们已经阅读并理解欧几里得（Euclid）的前四本书，并且复习背诵了其中的大部分内容。他们晚上睡觉前都在床上安静地看书，不怎么需要我的帮助。

如果有人问，他们对于语法的掌握如何？这个问题很难回答。他们从来没有阅读过这方面的书，玛瑞（Murray）② 和其他文法家用很多的篇幅规定语法规则，学生们对此一无所知。但

---

① 科尔伯恩（Colburn，1793—1833），美国数学家，1821 年编著《算术智力第一讲》（*First Lessons in Intellectual Arithmetic*），1823 年该书续编出版。他还出版了《心算》（*Mental Arithmetic*）、《算术》（*Arithmetic*）、《代数学》（*Algebra*）、《推理算术》（*Intellectual Arithmetic*）、《算术续篇》（*Mental Arithmetic Sequel*）等著作。

② 玛瑞（Lindley Murray，1745—1826），美国贵格会的律师，作家和语法学家，其英语语法教材被英国和美国学校广泛使用。

他们还是学习过语法的，尽管他们开始学习英语时采取了完全不同的方法。的确，他们不太可能掌握一门外语而不学习语法，其他男学生也不太可能做到。如果英文和中文不同，那他们必须知道为什么不同，至少要了解不同在哪里——这就是语法。我试图教给他们语言的普遍规则，也就是那些可以用于任何语言的规则，因此他们能将大多数文字分解成句子的组成部分，指出句子和命题的个数，并将这些句子再次分解，指出每个词的作用，概括他们这样运用的原因。除此之外，他们对语法完全不了解，最起码十分有限。

现在需要介绍，在过去一年，这些男孩子的总体表现，以及通过教育会提供的教育，他们在道德品质上取得的进步。这毕竟是教育的目标。马礼逊教育会的创立者对这个目标反复思考，渴望有一天可以实现它，因此以第二附录的形式附在他们所采用的《章则》后面，即"要为学生准备《圣经》，通过教学辅导学生理解《圣经》，基督教优秀的学校都有这样的教学辅导，但对于《圣经》教义的接纳程度并不影响学生的录取"。

与教育会所有公共活动一样，学校的目标和努力都是为了启发智力，改正不良习惯，控制急躁情绪，根除虚假信条并建立正确信念，使学生在家庭、工作和生活各方面有所收获；改进自己的弱点，修炼自己的品格；简单说来，就是使他们幸福快乐，受人尊重，让他们成为真理的朋友，为人类造福，为上帝尽责。

《圣经》已经被送达学生手中，我也很高兴地提供一切教学辅导，帮助他们理解《圣经》。但是，如果目的是强制他们接受其中的教义，我就必须收回这本书，《圣经》作为人类自由的证明，否定了任何人做出这种事情的权力和能力。不仅如此，合理范围内的思想自由、评论自由和处理个人事务的自由正是我们希望学生学到的第一课；如果有什么是需要对学生反复强调的，那也就是这一点了。我们把学生当作家庭成员，给予他们父母般的关怀。我觉得同样数量的英国、美国男孩会给我们带来更大的麻烦，不仅因为中国男孩子和其他孩子不一样，还在于他们已经建立了对老师的信任，把他们当作好朋友，有这样感觉的学生，总是想方设法让老师高兴——去年春天，高级班里一名学生的父亲来到学校，告诉儿子不能再在学校学习了，而必须出去工作赚钱。这位父亲贫穷凄惨，吸食鸦片成瘾，已经将两个女儿卖作奴隶并获取了钱财。那个男孩子跑到当时教他的老师美魏茶先生的房间，把父亲说的话告诉了老师，"我不离开学校"。美魏茶先生为考验男孩子的诚意以及他对这里朋友们的感情，冷漠地说，"离开学校也许对你更有益，你说不定可以在什么先生的店里做侍者，每月挣 2 美元，比你在这里可多挣 2 美元，你在这里，我们只给你提供三餐"。他说这些话时，那个孩子凝视着他，好像对他说出这样奇怪的话吃惊不已。老师说完后，这个孩子急忙转身，大哭起来，用英语大声说："我不走。如果我离开学校，我不知道去哪里。"去年春节放假，学生可以在家住三周的时间，这个男孩子和另外一个同班的学生在家住了五天，就回到学校，说在家待得没意思。另一名学生虽然家就在澳门附近，却压根没有回家，直到祭祀活动过后才回到家中，而且只在家里待了一天。

　　学生和我们的亲密关系还表现在他们很听话。男孩子肯定偶尔会犯错误，但总体来说，劝告就可以起到作用，我们也是这样做的。事实上，班长对每个人每天在学校的表现都进行记录，班长们也互相监督，这些恰恰说明了他们普遍遵守秩序。他们已经学会在没有任何制约的情况下过礼拜天，安静地背诵《圣经》里的章节，并在晚上之前记住。我们十分喜欢西方音乐，如果其他方面的学习任务不那么重的话，我一定会同意他们的请求，给他们上声乐课。以后有助教来中国的话，这方面的教育一定不能被忽略，因为音乐可以赋予灵感，也可以对年轻人的心智起到提升的作用。尽管暂时没有这方面的课程，学生们现在已经熟识很多英文歌曲的旋律。教育会在其他很多方面也给男孩子们带来了好处，我就不一一介绍而占用你们的时间了。但我必须说，学生们对广泛阅读已经明显产生兴趣。高年级的学生在课余时间坐在我的书房或其他地方，手拿一本儿童读物，宁愿读书也不去和低年级的学生做运动，这样的事情在学校并不少见。

　　施赖德先生乐善好施，几周前送来《广州纪录报》（The Canton Register），报纸放在教室里，学生们为拥有英文报纸而感到自豪。如果他们读懂了报纸上的内容，会非常高兴。这份礼物启发了他们，对每日新闻，尤其是和祖国有关的新闻表现出比以往更浓厚的兴趣。大约4个月前，学校的男孩子们留意到一段评论：如果不开口说，人们永远也学不会英语。因此两个班的学生一致决定，他们交流将不再使用中文，只使用英语，除了与其他中国人交流或在早课上向汉语老师背书。为了保证对这些规定的重视，高年级学生的违规罚款是其他学生的五倍，当周的班长来收缴罚款，并将总额上缴给我，每周结束后，这些金额将被用于购买书籍，送给学校图书馆。最初，罚款情况屡屡出现，每周总金额也相当可观，但现在每个学生都很少再说中文，违规罚款逐渐减少到没有。

事实胜于雄辩，他们自己提出的方法有助于自身进步。这件事情可喜可贺，因为参与学生众多且多为高年级学生，正是这些学生在学校发挥了示范作用。学生刚到这里时并非如此。一名盗窃惯犯现已洗心革面而蜕变为诚实而正直之人。他以前很自私，而现在的言行中表现出为他人造福的意愿。他原本是无知迷信的崇拜者，现在不再盲目敬仰上帝之外的任何事物，且接受基督教朋友对他实行的艰苦磨炼。这些磨炼对于早期接受更好教育的人来说，也是很容易动摇决心的。在去年 12 月，他的性格出现转变。有一天，他情绪激动眼含泪水地向我交还他从马儒翰先生和我这里偷走的 26 本书，没有人指控他偷窃，甚至没有人怀疑过他，因为根本没有人发现那些书的丢失。如果他不交代，也许根本就不会有人去寻找。这种自我检讨的行为有力地证明他真诚弥补自己行为所造成的伤害，他也由此开始了崭新的人生，直到今天没有再犯错误，我们也有理由相信他将继续感染周围的人们。简言之，即便马礼逊教育会现在停止运行，它也是有成绩的，因为它已经为人们带来好处。

我希望教育界的朋友们能够从百忙中抽出时间，亲自参观学校，从而省去我每年花这么长时间如此细致地向委员们汇报。你们的到访不仅可以激励学生们更加努力地学习，也会让孤独劳累教课的教师们相信，还有其他人关心着他们的成功。我向委员们提出建议，可否考虑今后每年举行公开考试以推广教育会的工作。我以这项建议结束又一年的工作总结。感谢上帝保佑我们圆满完成工作。

愿为您效劳！

布朗

于澳门，1842 年 9 月 20 日

报告结束后，由莱斯利先生决定，莫尔斯先生附议，报告将在受托人的指导下印刷。随后，出席会议的议员投票选举下一年的主席团成员，选举产生新一届马礼逊教育会理事会：

名义赞助人：璞鼎查爵士

会长：裨治文牧师

副会长：莱斯利先生

财务主管：三孖地臣先生

秘书：卫三畏先生

记录员：马儒翰先生

审计员：莫斯先生、本斯（H. P. Burns）先生

马礼逊教育会在广州接受的捐款

莱斯利先生捐款 100 美元

德拉蒙德阁下捐款 100 美元

W. A. 劳伦斯先生捐款 100 美元

W. 库珀先生（W. Couper, esq.）捐款 50 美元

艾萨克·M.布尔先生（Isaac M. Bull, esq.）捐款 20 美元

韦特莫尔先生捐款 50 美元

奥古斯丁·赫德先生（Augustine Heard, esq.）捐款 40 美元

金先生捐款 100 美元

麦基恩先生（T. W. L. Mackean, esq.）捐款 50 美元

W. R. 莱基先生（W. R. Lejee, esq.）捐款 50 美元

总计 660 美元

马礼逊教育会在澳门接受的捐款

J. D. 索德先生（J. D. Sword, esq.）捐款 25 美元

J. 霍利戴先生（J. Holliday, esq.）捐款 25 美元

三孖地臣先生捐款 100 美元

查顿先生捐款 100 美元

W. 斯图尔特先生（W. Stewart, esq.）捐款 50 美元

格里布尔、休斯公司（Gribble, Hughes, & Co.）捐款 50 美元

G. 奈先生（G. Nye Jr., esq.）捐款 50 美元

埃杰尔先生（J. F. Edger, esq.）捐款 50 美元

H. J. 莱顿先生（H. J. Leighton, esq.）捐款 50 美元

施赖德先生捐款 10 美元

慕勒先生捐款 20 美元

W. P. 利文斯顿先生（W. P. Livingston, esq.）捐款 50 美元

D. L 本斯先生（D. L. Burn, esq.）捐款 50 美元

W. 汤姆森先生（W. Thomson, esq.）捐款 50 美元

总计 680 美元

马礼逊教育会在香港接受的捐款

A. L. 约翰斯顿先生（A. R. Johnston, esq.）捐款 50 美元

叔末士牧师捐款 5 美元

T. 赫伯特上尉（Capt. Sir T. Herbert, K. C. B.）捐款 25 美元

亨利·霍尔盖特先生（Henry Holgate, esq.）捐款 10 美元

W. M. 惠切罗先生（W. M. Whichelo, R. N.）捐款 5 美元

W. T. 金斯利先生（W. T. Kinsley, esq.）捐款 5 美元

W. 凯恩少校（Major W. Caine）捐款 25 美元

C. V. 希列斯彼先生（C. V. Gillespie, esq.）捐款 25 美元

W. 穆罗上尉（Capt. W. Morean.）捐款 10 美元

雷诺兹上尉（Capt. Reynolds, R. N.）捐款 5 美元

查尔斯·E. 斯图尔特先生（Charles E. Stewart, esq.）捐款 20 美元

A. W. 豪厄尔先生（A. W. Howell, esq.）捐款 15 美元

劳里牧师（Rev. W. M. Lowrie.）捐款 25 美元

总计 225 美元

习作范文（由马礼逊教育会学生写作）①

以下是一个 17 岁小伙子经过两年零六个月学习指导而撰写的作文：

中国学校

在学校里，中国孩子会大声读书，但是大部分男孩并不知

---

① 范文原文为英文。

道所学功课的含义，他们只是不停地学习，直到能够背诵为止。如果哪个男孩能熟练背诵课文，他就去找老师背诵，然后老师再给他上下一节课。他们从不学习《圣经》，也没有《圣经》，也不学习地理、算术、几何、语法和生理学。他们在学校经常说谎或吵架，因为老师从不管教他们。有时他们崇拜孔子，烧香、烧纸、点蜡烛，并放猪肉、米饭、酒和其他东西在塑像前，他们和老师都会跪在地上敬礼叩头。

他们虽然敬拜供奉神，但神不能实际帮助他们，而且还得罪了真神。中国人从来没有想过他们的偶像是真是假，也没有找到任何关于偶像的证据。有时富裕的家庭希望自己的儿子成为伟人，把他们送到学校学习多年，然后再送到叫作"大学"的学校。那里雇用了许多知识渊博的教师。每天早上，教师都会坐在一个大房间里，教给他们知识，并仔细讲解。教师讲解完一段话，学生们就回到自己的房间，按照教师讲的话，写一些"励志"的论文。如果他们写得很好，懂得很多，他们就能参加考试了。一些有钱人花费很多金钱努力学习，因为他们想出名，成为中国的伟人。我从来没有见过中国女孩上学，或者能读会写的女人。这是一件非常糟糕的事情。如果一个男人不识字，他就无法直接与家人通信，当他有些事情想告诉妻子时，他就会找人代笔为妻子写一封信。妻子收到信却看不懂，她只能把信交给另一个男人去读，然后告诉她信里的内容。如果她想给丈夫写封回信，她必须请别的男人替她写。这的确很常见。

以下作文是一个 17 岁小伙子经过两年零七个月学习指导撰

写的作品：

关于几何和代数的习作

　　航海、绘画和建筑及地理科学是许多艺术和科学的基础。如果有人问，几何学是这些艺术和科学的基础吗？答案是肯定的。如果没有一个懂航海知识的人，那么无法将船开到预期的地方。要做到这一点，他必须遵循相应的规则，而这些规则须由懂这门科学的人来制定。如果没有人理解这门科学，这些规则自然就不会存在，航海事业也就"完了"。许多艺术也是如此。如果没有人理解几何学，他们就不能建造像希腊古庙那样辉煌的建筑。尽管这些古庙已经被毁坏近三千年，但总能引起所有游客的赞美。如果没有人精通地理科学，也就没有人能画出精美的地图。因此，这些艺术都是非常有用的，没有它们，我们就不能做那些对社会十分重要且有益的事情。这些科学教给我们自然界事物的普遍真理，以及其中的推理过程，以便通过这些来发现其他真理。当男孩子学好几何学时，他的推理能力会比之前强得多。上帝赐予我们才能，不仅是为了让我们解决温饱，耕种土地，建造舒适的住房，更赐予我们可以培养的心灵。当我们能够正确地培养人们的心灵时，它将成为世界上最宝贵的东西；如果我们不培养它，它将是世上最糟糕的东西。

　　以上这些知识，都能帮助我们悉知神的万能、良善并更好地服侍他。因此，每个人都应该对这些科学进行学习和研究，而不是质疑它的用处。虽然世界已经被创造了近六千年，但我们对它知之甚少，这表明它的创造者必须是一个全能的人。毫无疑问，自然界还有许多真理没有被人发现，如果我们了解这些真理，它们可能帮助我们生活得更加舒适和幸福。当我第一次来到学校的时候一无所知，如果不是布朗先生收留我，我相信自己长大以后应该是个笨蛋。我很高兴像布朗先生这样的好老师教授我们知识，这在我们国家是绝大多数人都享受不到的教育。但我感到遗憾的是，在我来学校之前，花了很多时间愚蠢地学习。我希望当我们这些男孩长大成人后，能像布朗先生对待我们一样，去教导其他男孩。

以下内容由一个 14 岁小伙子经过两年多的学习指导所写：

美国

在哥伦布发现美洲之前，没有人想过它的存在。为了发现这片大洲，哥伦布吃尽了苦头。约 350 年前，那里没有一个白人，但现在这个大陆的大部分地区都被数百万白人所占据。在整个大陆上，最著名、最自由的国家就是美国。第一个定居点是在詹姆士镇（弗吉尼亚州詹姆士河畔的一个城镇），是由一些英国移民所建立。由于缺乏食物和来自印第安人的敌意，他们到达那里时遭遇了巨大的困难。约翰·史密斯上尉的良好管理使探险顺利完成。13 年后，一些来自英国的清教徒在普利茅斯建立了另一个定居点（这是新英格兰的第一个定居点）。

几年后，许多城镇开始兴起，这个国家逐渐繁荣。当时它属于英国国王，但在定居大约 168 年后，美国人试图摆脱英国的统治枷锁，因为英国国王和议会将不公正的法律引入美国。因此，民众组建了一支军队，以华盛顿将军为首的军队开始与英国人作战。这场战争持续了八年。最后，美国人在华盛顿将军的带领下获得了自由，华盛顿也成为有史以来最伟大的人物之一。后来当地人和平相处，不再受英国国王的统治。麦迪逊当总统时，又发生了一件大事，从1812年持续到1815年，历时三年。

现在美国有26个州，东有15个州，西有11个州。他们分为新英格兰、中部、南部和西部四个区域。新英格兰各州位于哈德逊河东侧，中部从弗吉尼亚州到安大略湖，南部从马里兰州到佛罗里达州，其余为西部各州。战争期间，只有13个州，后来逐渐增加到26个，人口数量也得到了增加，从当时的500万到现在的1700多万。南部和西南部各州有许多奴隶。该国东部的民众已经全部定居，但西部有大片领土尚未开发。

在尼亚加拉有一个巨大的瀑布，一条大河倾泻在岩石上，水深达150英尺。沿海的港口经常有来自世界各地的船只，河里挤满了蒸汽船和其他船只。中部的州多山，但山脉两边崎岖不平。这些山上有许多天然的产物，如金、铁、煤，还流淌着汩汩的泉水，可以用来医治病人；盐泉和硫黄泉也十分丰富。

以下内容由一个15岁小伙子经过两年半的学习指导所写：

波拿巴

有个叫波拿巴（Bonaparte）的人，出生在一个叫科西嘉岛（Corsica）的小岛上。起初他只是一名士兵，但后来成了一名将军，指挥着所有的法国军队。有一次，他组建了一支庞大的军队，征服了几乎所有的欧洲国家。但他的野心仍不满足，他还要征服俄国。因此，他率领军队向俄国首都莫斯科进军。那时冬天快到了，百姓放火烧了莫斯科全城，波拿巴和他的军队没有避难所，几乎所有的军队都折损于此。后来波拿巴终于回到法国，而欧洲各国在英国贵族惠灵顿勋爵的带领下联合起来反击。当时波拿巴率领七万人，惠灵顿勋爵指挥的军队也有旗鼓相当的士兵。战争开始了，刀剑的撞击声，马蹄声，如雷般的炮声，战场上到处是死人。最后法国军队被打败，波拿巴被英国人带上了船，最后被带到圣赫勒拿的岩石岛上。他死于 1831 年。

以下内容由一个 13 岁小伙子经过两年八个月的学习指导所写：

孔子

在古代，中国有众多诸侯国，孔子就出生在其中的一个国家——鲁国。他的祖先来自宋，他父亲的名字叫叔梁纥。孔子的父亲因力大无穷，因此成为一名伟大的武官。他的前妻生了一个儿子，名叫孟皮，后来孩子因病去世。叔梁纥担心后继无人，就去颜氏家求娶。他看到颜家有三个女儿，就请颜家父母许配给他一个女儿做妻子。大姐和二姐都不希望嫁给他，只有老三表示会遵照父母的意愿，最后叔梁纥娶了三女儿微在为妻。微在生孩子前曾往尼丘山祷告，后来生了一个儿子，给他起名叫丘，这个孩子也就是孔子。在孔子出生之前，他家附近有一条泉水。泉水很香甜，母亲把孩子放在水里洗澡，洗完后泉水就全干了。就在孔子出生当晚，两条龙从天而降盘旋在房子周围。当孔子长大后，他没有教师的教导而自学成才。孔子拥有渊博的知识，许多人慕名前来学习。他最后共有 3000 名门徒，跟随他的有 72 名。他们其中有些人是文官，而有些人拒绝做官。孔子也曾在自己的国家做过官。孔子双腿有疾，卒于 73 岁。以上记述来自中国人的口述和相关书籍。

第六章　马礼逊教育会 1843 年报告 [①]

　　尽管在华外国人零星地递交声明，认为召开年度大会的时间不太合适，理事会还是为学校的朋友们提供《马礼逊教育会第五次报告》。虽然多数人不能出席学校的检查和周年活动，但他们一直很关心教育会。理事会希望报告能便于他们了解教育会的事业和取得的成功。有些人可能会说，各地的教育情况大同小异，并没有那么多值得记录的事情——其实在教室里安安静静地学习就是大事，因为这对于学生个体的性格影响很大，并且通过学生影响到周围。后者的实现使得了解教育的具体情况和工作显得很重要；尤其通过过去几个月的观察，我们毫不怀疑，教育会的朋友们对此很感兴趣，他们将高兴地听到实际取得的成功。

　　上次年会后，我们再次聚集在一起，对委员会记录秘书马儒翰先生的去世表示沉痛哀悼，我们和大家在此一起缅怀这位甘于奉献的人。那些目睹教育会工作运行的人们深知，他们多么感激这位朋友的高效工作，感激他关心学生的进步，为师生们谋福利，感激他为学校各方面条件的改善付出的努力。他对教育会的促进不仅停留在公开捐款上。教育会图书馆的部分图

---

① 译自《中国丛报》1843 年 12 月第 12 卷第 12 期第 617—630 页：马礼逊教育会第五次年度报告。

书是在他的帮助下收集起来的，他出版图书目录，努力让图书馆最大限度地被利用。他去世之后，遗嘱执行人将其私人英文藏书补充进教育会图书馆中，这是在华外国人的慷慨使然，也是马礼逊先生关于财产处理的遗愿。马儒翰先生还资助了教育会学校的三四名学生，他在工作闲暇十分关心这几名学生和学校其他学生的学习，马儒翰先生与教育会的紧密联系使得他的名字和教育会融为一体；当初教育会是为了纪念他的父亲马礼逊先生并继续开展慈善事业而创立，现在教育会将同样成为纪念马儒翰先生的机构；我们衷心希望，在马礼逊教育会名义下，马礼逊父子曾经参与的这项启蒙事业将长期传承下去。

过去一年里，教育会学校迎来更多参观者，他们大多为英国陆军和海军的绅士们。随着学校知名度的提升，大家对学校工作的关注也随之提升。理事们希望更多的朋友有机会参观学校，亲眼见证学校发生的事情。理事们相信学校会令参观者满意，而大家的访问也会给师生带来鼓励。大家可以看到，在华外国人以其源于最文明的基督教国家而感到自豪，认为向中国传授西方知识的目标非常值得达成。如果我们作为来自优势国家的人觉得在知识、艺术和科学方面比这片土地的人优越，或从我们对他们的见闻中得出结论：我们从他们身上不能学到任何东西或产生任何兴趣的话，那么，我们同样应该记得，我们享受的这些优势和拥有的地位都受惠于《圣经》和我们理解并实践《圣经》戒律的程度。《圣经》的博爱将教诲我们帮助他们提高到和我们一样的地位；不出意料，我们的仁慈之举将引导我们用和善的眼光看待中国人，他们的存在不应只是满足我们的好奇心，他们也不只是和我们有一定贸易关系的一个民族，他们的存在还应有其他目的。

在南京签署的条约使我们与这个国家的交往增多，西方国家可以利用它为这里的人们带来更多好处。商业在合适的时机可以服务于基督教文明，而并不是它的对手；如果商业活动开展得好，它会使双方共同获利。我们在英文文献中找得到这样的内容：让那些涉入商业的人帮助开启中国大众的思想，以培养他们的兴趣爱好，净化他们的感情，传播知识，扩展想象力，增强原则性；我们相信西方国家和中国的交往将是持久而和谐的。

只是建立在商人的成功和名望基础上的声誉会逐渐减弱，因为声誉的基础并没有深植于人类心中长期存在的尊重和感激之中；但如果商人们被冠以"慈善家"的名字，就会让未来的人们尊重他的名字、效仿他这个榜样。当初规划教育会的人们已认识到了这一本质，所以教育会现在的目标更值得支持，社区相比以前更有能力或愿意来实行此事，社区居民准备好扩展与教育会有实质联系的工作。

过去一年里，理事会发生了一些变化。莱斯利先生离开中国前往加尔各答，马德拉斯（Madras）军队的副官麦克维卡（Macvicar）上尉此间担任副主席。由于马儒翰先生去世，安德森（Anderson）先生将接替他担任记录秘书。

末尾附上今年的财务报告，我们从中看到，从教育会开始建设，它的花费就已经超出了预算。教育会香港校舍的总成本超出原先的合约，而规划几乎没有什么变动和扩大。但是，在熟悉该领域的人们看来，建设投资是值得的，而且称得上是很节省的。在教育会决定增加学生人数之后，我们将需要更多资金来建设第二座学生宿舍，这个问题将在另外一位教师到达后及时提出来；在政府规划出校舍的边界后，我们还需要用墙或栅栏将建筑围住，这不仅是为了安全和维护，还可防止暴雨来临时的水土流失。另外，房顶还需要盖瓦以防雨。教育会保证公众提供的资金正当地用于所资助的项目上（每项设施都愿接受教育会相关事宜调查人的审查），理事会对此一点都不怀疑，他们只是担心在华外国社区是否支持他们实行现在提出的计划，即增加一名教师、在校学生人数翻倍等。假设师生人数低于以前的数字，教育会的计划将无法持续开展，因为教师或学生健康不良或死亡，都会轻易使教育会中止甚至放弃开办学校；如果学校有两位教师，将有加倍的学生获益。

以上是前言，接下来理事会将详细报告学校过去取得的进展，此报告由学校的教师撰写。

马礼逊教育会第五次年度报告

致马礼逊教育会理事会：

先生们，又到了汇报学校情况的时候了。上次教育会年度大会于 1842 年 9 月 29 日召开，此后发生的几件重要的事件无疑将在未来很长时间里对教育会的状况产生影响。第一件事是学校于 11 月 1 日从澳门搬迁至现址，这可以被看作教育会历史上的新纪元。我们深信委员们做出这样的决定是明智的，因为这个变化在各方面都对学校有百利而无一害。通过这种方式，教育会获得一定程度的持久性发展，并有权享有"机构"的名号；同时教育会避免了房租方面的更多开销；正如人们对教育会的慷慨所证实的那样，相比之前，公众对学校的关注更明显，对教育会的成功更感兴趣；简而言之，给予教育会的自由、保护和资助将惠及教育会，而教育会也将值得拥有这些。

当紧急的致命疫情侵袭时，我们同样可以看到上帝的仁慈和宽容。我自己的家人及学校成员的健康状况良好，长期住在教育会会所的 42 人中无一人死亡，无一例危险病情，而我们的周围则出现了很多例死亡。

学校初迁到这里的时候，只有两间屋子可以使用，我的家人和学生们就是在带有小储藏间的两间屋子里度过了冬天。直到 4 月 7 日，学校的英文教育部才开始上课。从我们到达香港时起，学生的中文学习就继续进行，尽量不受干扰。而住处太小是一个严重的缺陷。

由于实际情况需要，在理事会要求下，迁址后我把时间投入到监督剩余部分校舍的建造上。我亲自采购材料，直至建筑整体完工，学校正式恢复正常运行。由于学生们的学习不可避免地出现间断，在估算他们从入学开始的在校时间时，有必要扣除半年，并且允许他们多待六个月作为补偿。有些家长已经同意这样的安排。

学校迁址也造成一段时间内学生人数的减少。上一次年度报告时，在校学生共有 17 名。其中 6 名学生在我们离开澳门时被家长带走，因为家长不愿意孩子离家太远。仅 11 名学生跟随我来到香港，但幸好那些离开学校的学生都来自低年级，他们在校时间相对较短，而所有高年级的学生至今还一直在学校学习。他们中的一人是学校年龄最大的学生，由于他坚持不离开学校，遭到朋友们的反对；在学校即将迁址的时候，他认为自己应该继续求学，这样对自己和亲戚们最终都有好处，于是他离开澳门，比其他同学早两周来到这里。我们到达后不久，学生人数的空缺大于招收的新生。

宿舍可容纳24个学生，每人一间。4月学校重新开学时，这里就会满员。在校生的姓名和详细情况及以往在校生都可以在背面的目录里找到。或许有人看过目录后会觉得，学校的多次搬迁造成很多人力和财力的损失，但我们应该看到有些学生在上个月试读结束时或之前被劝退，允许所有申请者试读成为一种惯例，有些学生被劝退时在校的学习时间通常不超过两三个月。至于那些在校时间较长的学生，我们很遗憾，亲属们的一念之差，他们就不能再享受教育会提供的教育了，但我们应该感谢他们入学并学习至今，我们也希望他们在校学到的一些知识会在将来给予其帮助。给孩子灌输一个好的想法或者正确原则的价值是无穷的且永远不会被遗忘。现在学校有了固定的场所，在中国人中享有更高的知名度，我们不需要寻找生源（事实上我们从来没有寻找过），也不再像以前那样，存在迁移的妨碍。有些入学申请已经被拒绝，因为在没有助教的情况下，我最多只能教授现有数量的学生。

我通过观察发现，现在的校舍只能容纳24个学生。为满足学生人数增长的需要，教室和宿舍都必须扩建。在这个问题上，我想谈一下去年夏天来学校参观的访问者的共识，他们认为每个男生一间宿舍有很多好处。只要对学校有所了解的人都能看出来，让几个甚至十几个男孩挤在一间房里，会助长不良交往，败坏他们的礼仪和品行。恶习可能非常容易将其他学生都腐化，在学校生活中将很难有美德幸存。在这样的情况下，没有任何人感到自己对整洁和秩序应当承担责任。如果没有采纳这样的安排，几乎就不可能确保学生们养成让他们在成年后受益的良好习惯。

马礼逊教育会学校就读学生名册

中文姓名	英文姓名	入学年龄	住址	入学日期	离校日期	备注
亚灵①	Aling	16	澳门	1839 年 11 月 4 日	1840 年 10 月 12 日	品行顽劣
亚胜	Ashing	15	澳门	1841 年 1 月 1 日		
亚根	Akan	14	牛红濑	1840 年 3 月 1 日		
亚爵	Ats'éuk	14	汕漳	1839 年 11 月 4 日	1840 年 8 月 19 日	由父领回，1842 年 6 月 1 日复学
亚允	Awan	13	澳门	1840 年 3 月 1 日		
亚宏	Awing	13	南屏	1840 年 11 月 1 日		
亚合	Ahóp	12	前山	1839 年 11 月 11 日	1840 年 2 月 10 日	愚钝

---

① 马礼逊《英华字典·五车韵府》(*A Dictionary of the Chinese Language*，Vol I.) 第一个词条即为"亚"（A），常用于穷人名，如亚兰（A-lan）、亚宾（A-pin）等。当时很多人将其写为"阿"（O），在粤语中，"阿"（O）发音同"亚"（A）。

续表

中文姓名	英文姓名	入学年龄	住址	入学日期	离校日期	备注
亚元	Ayūn	11	汕漳	1839年11月4日	1840年8月19日	随父迁居
亚威	Awai	11	汕漳	同上	同上	同上
亚植	Achik	11	唐家	同上		
亚宽	Afún	11	东岸	1840年3月13日		
天佑	T'inyau	11	南屏	1840年3月28日	1840年6月28日	品行顽劣
亚伦	Alun	10	澳门	1840年3月16日	1840年6月30日	频繁逃学回家
亚驱	Akü	10	唐家	1841年11月1日	1842年1月1日	
亚秋	Ats'au	12	唐家	同上		
亚沃	Ayuk	11	唐家	同上		
亚元	Ayūn	14	汕头	同上		
亚力	Alik	11	官塘	同上	1842年1月1日	不受约束
亚未	Ami	12	南屏	同上	同上	不受约束
亚携	Akwái	11	崖口	同上	同上	不受约束
亚晢	Atsám	11	汕头	同上	同上	不受约束

续表

中文姓名	英文姓名	入学年龄	住址	入学日期	离校日期	备注
亚宝	Apò	11	白沙石	同上	1841 年 11 月 14 日	愚钝
亚坐	Atsó	12	上栅	同上	1841 年 11 月 6 日	逃学（亚坐亚洪为兄弟）
亚洪	Ahung	11	上栅	同上	1841 年 11 月 6 日	逃学（亚坐亚洪为兄弟）
亚宽林	Afúnlam	11	后坑	同上	1842 年 11 月 1 日	父母不准随校迁港就读
亚林	Alam	11	厦尾	同上	同上	父母不准随校迁港就读
亚挥	Afai	13	鼓壳	同上	同上	父母不准随校迁港就读
亚程	Ach'ing	12	鼓壳	同上	同上	父母不准随校迁港就读
亚林目	Alammuk	10	白沙石	1841 年 11 月 1 日	1842 年 11 月 1 日	父母不准随校迁港就读
亚圣	Ashing	15	宁波	1843 年 4 月 7 日		
亚庆	Ahing	15	深州	同上		
亚挥	Afai	14	黄埔	同上		
亚善	Ashín	13	黄埔	同上		

中文姓名	英文姓名	入学年龄	住址	入学日期	离校日期	备注
善士	Shínsz'	10	南京	同上		
亚尧	Aiú	12	唐家	同上		
亚连	Alín	11	新村	同上		
亚光	Akwong	10	黄埔	同上		
来士	Láisz'	9	南京	同上		
光珠	Kwongchú	9	定海	1843年5月15日		
亚壬酉	Ayamyau	9	澳门	1843年4月7日		
亚富	Afú	8	唐家	同上		
天秀	T'ínsau	18	新加坡	1843年9月1日		

注：总计42名学生。平均年龄12岁。外地学生22人。劝退学生总数18人。截至1843年9月29日，在校就读学生总数为24人。

此外，还有一个好处不能被从事教育事业的人所忽视，我指的是对年轻人道德培养的影响。由于人是上帝统治的臣民，所以我们要将宇宙的主宰者看作我们的父亲，不能认为我们的生活与他无关。孩子越早开始和灵魂之父交流，对他就越有好处，适当地引导他们审视自己显露的意愿，"通过祈祷和许愿告诉上帝自己对任何事情的要求"，孩子们至少有权期盼在自己与上帝的交流中不会受任何阻碍。如果他没有自己的房间来祈祷和许愿，他将抱怨学校没有给予最切实的安排，无法成就最崇高的智慧。

截至目前，将学生们安排到各房间的成效已经说明以上观点的正确性。在澳门时，他们挤在一两个房间里，与那时相比，现在让学生保持秩序花费的时间和精力大幅减少；每个人都有属于自己的空间，偶尔的到访检查也足以纠正学生可能出现的不修边幅和邋遢的情况。当然，这样安排的舒适度增加了，同时这份对信任和权利的投资极大地增强了学生们的自尊心。学生们在课下仍可以安静下来，他们回到房间读书写字，或者不受打扰地做自己的事情；据我所知，高年级的几名学生有每天独自祈祷的习惯。

学生们的学习仍然按照以往的安排进行；中文和英文的学习时间被平均分配，即每门课半天时间。我的时间全用来教授英文并处理学校其他事宜，所以我没有对中文教育倾注太多精力，这部分一直由中国教师管理。我确信学生能得到与进入大多数本地学校读书一样好的中文教学；我终于找到一名教师，他每天花部分时间为两个高年级班讲解课文，我认为这种对表现优异的学生给以多样化的对待在中国是从来没有过的。在大多中国学校里，背诵课文和讲解课本通常不是结合起来进行的，学生首先将课文记住，然后再理解课文的意思。

去年 4 月我为学生们安排课程时，打算将之前成绩最好的学生选出来分在一起学习，直至课程结束。相应地，学校三个班级中年龄最大的学生学习凯特利（Thomas Keightley）的《英格兰历史》（*The History of England*）和科尔伯恩的《推理算术》（*Intellectual Arithmetic*）以及英文写作与书法。第一门课是历史，从罗马侵占英国开始，每节课都对课文加以解释和说明，现已完成课本三分之二的内容，学到了查理一世（Charles I）时期。有时学生自学课文，回答老师提出的问题；其他时候，他们分别朗读写在写字板上的各版本相同部分的历史。如果对所学课程的检查不那么严格的话，他们的进度会更快。这些孩子在各方面的学习都与英语母语的孩子不同。他们入校后的前两三年，对他们来说所有的课都既是语言课，又是相关学科的课程。因此，在学习算术、地理、历史或其他课程时，首先要理解语言，而学科知识必须努力学习才可以掌握。我们觉得花时间讲解课本比单纯背诵课文更为必要。需要解释的不仅是每个新单词，还有每个新短语、特殊的习语和单词组合。我们常用半个小时阐明和解释一段中等长度的文章，这样学生不只是清楚地理解每个部分表达的意思，还有各部分如何互相依赖、互相搭配组合从而表达完整的意思。只有做到这一点，学生才能真正受益。因此，学习一本书的进度并不能成为学生进步的标志，那只是衡量他们学习某门科学所取得的进步，他们在文学上取得的成绩还要由其他标准来判定。

如果考察学校的人都像马礼逊教育会这样将这些事实铭记于心，他们才有可能准确地评估学生的优点，以及学校采用的教学模式。我用自己的教学方法对第一期班的学生进行全面训练，他们自己对上面提到的历史部分很感兴趣，掌握得很好，同时在英语语言的掌握上稳步提高。他们还完成《心算》（*Mental Arithmetic*）手册的学习，进行了复习，并开始学习该作者所著的续篇，这真是令人称赞。这本书带领学生从简单阶段的学习上升到高级运算。在英文写作方面，虽然学生偶尔进行自我命题作文，最常做的还是上面介绍的历史课的写作练习。

而他们的书写因为选用了非常好的字帖而有很大提高。

第二期班就是入校一年半的班级，此班学生同样开始学习科尔伯恩的《算术入门》（*First Lessons in Arithmetic*），已差不多学完此书；他们还接受阅读、写作、拼写和写作技巧方面的学习。

年龄最小的第三期班去年4月份入校，他们学习英语的说、读和拼写。他们现在可以阅读包含双音节或多音节词汇的简单句子，并在发音上具有一定程度的反应速度和准确性；铅笔字写得令人满意；能够理解和表达一点英语。

可以看到，我只是简单地讲述了学生们总体取得的成绩，由于董事会成员在夏季多次到学校参观，我很乐意将这个问题留给他们评判和汇报。他们在不同阶段对学生进行考试，在其影响下，学生们明显更努力了，但遗憾的是，正在这时，考试被中断了。学生能真切地感受到我经常对他们的保证，那就是学校的朋友们对他们的进步非常关心，这本身就足以激励他们，让他们对今后的学习更有热情。

教育会应该感谢贝尔先生，他之前是教育会理事。他回到英国后不久，就寄来大量学校用书。我发现其中有些课本十分有用，另一些也很有价值，不过要等到学生们取得更大的进步后才能使用。学生使用了几个月的字帖都是他寄来的。我们同样应该感谢巴特利特（D. E. Bartlett）先生，他是纽约聋哑学校的一名教授，感谢他为我们提供了各类有价值的课本。我觉得这些帮助很大，因为在中国获得这样的课本相当困难，我们起初曾经历极度短缺课本的日子。通过这些捐赠，目前学校的课本供应比较充足；不久之后，将需要更多字帖。

在上篇报告中，我建议学校在教育会年度大会的当天或之前举办年度公开考试。只要可行，我希望理事会尽快采取相应措施。

尽管教育会在中国度过了动荡时期，但学校的基础比起当初还是更加牢固，不过我们仍需警惕，防止失败，确保这项有意义的事业稳步发展。我们做出了成绩，但这只是开始；在给中国人提供教育的程度上以及援助的方式上，都还远远无法满足需要。我们已经行动起来，将继续尽可能地号召一切援助。最显著的办法就是让那些有望提供帮助的人们了解学校的目标和运作。我们不希望学校徒有虚名，而希望真相尽可能广为传播。为了这个目标，只有一个年度报告是不够的。我们把马礼逊教育会为学校所做的工作展现给朋友们——让他们听听，看看我们正在做的事情。不出意外的话，这将唤起人们对教育会带来的好处的强烈兴趣，而这正是目前需要做的事情。通过邀请公众关注学校每年举行的考试，这样参会者就可以判断报告中所做的陈述是否真实。如果可以这样，我在学校取得的成绩就不需多说了，身为老师，我取得的成绩越多，介绍起来就越烦琐。

如果上次会议上理事会决定的月度考核能够实行，我将从这一必需的事务中解脱出来，但公开的考试可能会让理事会和我自己的目标更好地达成。

在我看来，去年学校的男孩子在道德方面的表现总体上是无可挑剔的。据我所知，两个高年级班中从未出现盗窃和说谎的情况。我相信这个说法并不夸张，因为他们形成了一种对说谎者轻蔑的态度，当周围的人说谎或欺诈的时候，我听到他们厌恶地说"那不应该是中国人的言行"。他们认识到诚实的价值，不诚实的卑贱和罪过；因此当这些男孩子们完成学业后，我期待他们至少会成为诚实的人，他们在这方面的品性是毋庸置疑的。一群可以依靠的诚实的中国年轻人生活在我们身边，做一份公职或个体工作，即使他们只接受了部分教育，也说明在华外国人为他们进行的教育投资是值得的。这不仅给我们带来安慰和好处，而且将影响那些没有享受到福利的中国人。随着时间的推移，灌输给少数人的美德不会随之消逝，而是通过其自我传播的优势普及给越来越多的人。另外，当学校送出第一批毕业生时，他们中的任何人较入校时都有巨大的变化。他们刚入校时盲目崇拜，满眼迷信，但神圣的宗教改变了他们，为我们、为他们自己和国家都带来了极大的好处。

学校里的学生现在学会了对他们所享受的教育特权心存感激，丝毫不掩饰对我这个老师的感情，以及对教育会福利的感恩。学生们在这所学校享受的待遇与他们被录取到中国学校所要遵守的戒律形成鲜明的对比，这也屡次作为乐善好施的证据被外国人评论；我觉得，中国人的特点是对任何事情都不轻易表达强烈情感，因此学生主动表达的这份感激就显得尤为珍贵，这说明他们的情感得到了升华。

我们要更多关注教育会图书馆的维护，令其更好地为公众使用。图书馆的藏书已近 3500 本；而其中大约三分之一的书籍已被损坏，不能继续流通。有些成套的书籍由于借书人在离开中国时不能及时归还已不再完整——即大部分书对教育会及公众来说利用价值不大。我建议对图书馆进行检查，处理掉那些不值得重新装订的书籍，将所得收入用于重新装订有价值的图书上。这样，图书馆将处理掉很多废品，而真正有价值的图书，其数量并不少，可以更容易放置在专区，从而更好地满足借书者的要求。

一年多前，理事会提出申请另外一名教师与我合作，但现在教师仍然没有到位。我知道，这件事耽搁下来并不是因为有关方不愿满足我们对新教师的需求，但我在此发表自己的看法，如果大家认为言之有理，可以将其公布于众，因为有些人对目前增加教育会这方面的开销提出质疑。理事会一直确信增加开销很有必要，但其他不太了解情况的人可能并不这样认为。目前学校有三个班，分别有学生8人、4人和12人，由于每个班级都有其特殊性，所以都需要教师对学生给予密切关注。学生在学习一种新的语言，教师是他们获得知识的媒介。他们在入校后至少两年内还不能长时间自学，因为他们学的不仅是学科知识，还有表达学科知识的语言。语言对他们来说也是陌生而晦涩的，只能依靠老师口头上的讲解。所以，老师必须坐下来，用各种方法帮助他们解决遇到的所有困难，不论是内容上的，还是语言上的。这样老师在给某个班上课的时候，另外两个班就几乎得不到什么好处；这并不是学生不努力，而是他们遇到了真正的障碍。还有，很长时间以来，我一直为自己不能公平对待学校里为数不多的学生而感到悲痛。我没课的时候，还要参加一些与教学相关或无关的活动，我必须处理这些事务，否则学校将在很多事情上出现麻烦。因此，为了学校的繁荣，我们急需工作上的分工。现在，我们开始为学校更大规模的运作制订计划。在校的 24 名学生对于渴望教育的民众意味着什么；个人对于这项事业需要的付出意味着什么？马礼逊教育会开展了很多工作——这些工作并非局限于几个科目或一代人上。只要无知像黑暗一样蒙住中国人的眼睛，我们就必须完成使命。我们已经有了开端，但这仅仅是个开始。如果这项善事能够沿着正确的方向发展，教育会的事业将会发扬光大而不会草草收场。但是，如果教育会的学校现在的需求得不到满足，那么我们距离结束就不远了。其实，最长寿的生命放在历史长河中也很短暂，所有的生命都弥足珍贵。假如我不幸遇难或离开这里，谁将接手我的工作并继续下去呢？如果现在发生这样的事情，那么在我看来，学校必须关闭，学生将被遣散回家，教育会在教育方面的工作也将停止。唯一的希望就是能引进其他人来这里，重新开始我所做的工作。即使这样做，学校的工作也会损失惨重。相反，如果有两位教师，这一切都可以避免，学校规模将会扩大到现在的两倍，需要做的只是为他们提供食宿而增加少量的花费，教育会将可能成就创立者所期望的永久的丰碑。

我热爱教育会的名字。它是神圣的，与宗教的结合使它更加神圣。它承载着马礼逊博士的名字，创立目的之一就是为了纪念马礼逊先生。马礼逊次子马儒翰先生全心投入教育会工作中，不遗余力，使得教育会具有现在的规模。他过早地离开了工作岗位。在他似乎能至少脱离危险的时候，神秘而万能的上帝把他从我们身边夺走。现在他的名字写在教育会徽章上，对于他们父子及其功绩的回忆激励着我们跟随他们的脚步，为他们热爱的国家不懈奋斗。

　　此致

敬礼

　　　　　　　　　　　　　　　　布朗

本次大会产生的新一届马礼逊教育会理事会

　　名义赞助人：德庇士爵士

　　会长：裨治文牧师

　　副会长：莱斯利先生（本次缺席）、麦克维卡先生

　　司库：三孖地臣先生

　　秘书：卫三畏先生

　　记录员：马儒翰先生（已过世）

　　审计员：莫斯先生、本斯先生

马礼逊教育会成员列表

威廉·贝尔；英国　　　　　　　H. J. 莱顿先生

波瓦洛少尉　　　　　　　　　　W. P. 利文斯顿

裨治文牧师　　　　　　　　　　劳里牧师

W. 伯勒尔医生　　　　　　　　　W. 麦基利根；英国

艾萨克·M. 布尔　　　　　　　约瑟夫·麦克维卡

　　　　　　　　　　　　　　　上校（Capt. Joseph

　　　　　　　　　　　　　　　Macviccar）

班菲尔德上尉　　　　　　　　　托马斯·麦克米金；马

　　　　　　　　　　　　　　　尼拉

D. L 本斯先生

巴富尔上校；上海

郭雷枢先生；英国

柯立芝夫人（Mrs. Coolidge）

科克斯博士；英国

海军少将 T. 科克伦爵士（Rear-admiral，Sir T. Cochrane）

W. 库珀先生（William Couper）

W. 凯恩少校

J.N. 丹尼尔；英国

颠地

罗伯特·迪格尔；马尼拉

丁肖·弗杜恩杰（Dinshaw Furdoonjee）；孟买

德拉蒙德阁下

沃伦·德拉诺

埃杰尔

义律上校；得克萨斯州

摩尔少校

三孖地臣

T. W. L. 麦基恩（T. W. L. Mackean）

巴特·梅特卡夫爵士阁下；加拿大政府

F. J. 莫里斯

慕勒先生

威廉·诺里斯先生

H. G. 诺里斯（H. G. Norris）

奥立芬

璞鼎查

彼得·伯驾牧师

帕罗特医生；皇家炮团

J. 罗素·里夫斯（J. Russell Reeves）；英国

詹姆斯·R. 罗伯森；英国

罗白生；英国

萨尔顿少将（Major-gen. Lord Saltoun）

W. E. 法拉尔

乔治·桑普森；波士顿

托马斯·福克斯；英国

W. 斯图尔特

R. J. 吉尔曼（R. J. Gilman）

G. C. 施瓦布；新加坡

约翰·C. 格林；纽约

约翰·D. 索德

约翰·P. 格里菲思上尉

威廉·斯科特

郭实猎牧师

希莱伯先生

C. V. 希列斯彼

司米坦博士；孟买

W. H. 哈顿

罗伯冉（Robert Thom）；
宁波

G. J. 希金森

斯特罗恩先生；马尼拉

奥古斯丁·赫德

威廉·汤姆森（William
Thomson）

J. 霍利戴先生

威廉·S. 韦特莫尔；纽约

T. 赫伯特上尉

卫三畏先生

罗伯特·英格利斯；英国

威士上校

安德鲁·渣甸（Andrew Jardine）

约翰·C. 怀特曼先生

安德鲁·约翰斯顿

W. 莱斯利

W. R. 莱基先生

A. L. 约翰斯顿

C. W. 金

胡夏米；英国

第七章　马礼逊教育会学生书信精选[①]

从去年12月马礼逊教育会报告发布以来，教育会学校持续成功运行。教员和学生的健康状况良好，而学生在学业上取得的进步使每个对促进中国人学习基督教知识和教义有兴趣的人都感到欣慰。学生持续接受汉语的指导，他们在中文学习方面取得的进步令人满意。

现在在校学生人数是32名，他们都住在教育会学校宿舍。几个孩子的作文以书信形式寄送过来，我们从中挑选了几封：

我很开心在11号收到您的来信，在这封信里我想回答来信中谈到的一些问题。在几乎所有的英文教学中，我最喜欢数学、天文学等自然科学，我能从中了解一些知识。但是，英语是我获取知识的唯一渠道，我得花费许多时间来学习语法、阅读英语书籍。我希望在学校里继续待下去，像布朗先生让第一期学生待得那么久。我非常喜欢唱圣歌，但是我还没有练习太多，我唯一熟知的曲子是《百岁老人》（*Old Hundred*），不过我也能唱其他的歌曲。我从没学过音乐，所以我不能用英文音符写下来中文歌的曲调，但是我能写下来中文音符，并且写下一首曲

---

① 译自《中国丛报》1844年7月第13卷第7期篇五第383—385页：马礼逊教育会学生书信精选。

子附在信封里，里面还有一张您想要的学校课程表。我想您不久前听闻了波乃耶夫人（Mrs. Ball）去世的噩耗，对此我无须再写太多。波乃耶夫人在6月6日非常平静地离开了世间。那天上午，布朗夫妇来到波乃耶先生家，波乃耶先生告诉我们就死亡话题写篇文章，以下是我的作文：

死亡是通往另一个世界之门。当我们脑海中想到"死亡"这个字眼时，心情总是变得那么忧伤。尽管每个人都厌恶死亡，但谁都无法逃脱。这是上帝对亚当宣告的惩罚，"你必汗流满面才有食物吃，直到你归了土，因为你出于土。你既是尘土，就要归回尘土"。对于不爱上帝的人来说，死亡多么可惧啊！因为他知道，在坟墓里再得不到上帝的宽恕。他的内心告诉自己，他一直在犯罪，因此必将遭到上帝的惩罚。那时他就会看清楚世界上大部分人追求的美多么虚空！凡人的力量多么渺小！我们能无休止地对抗全能上帝而继续犯罪吗？噢，停止吧，让我们在渐行渐远前加以思考，充满罪恶的生活能让我们在天堂拥有一席之位吗？

我没有在课表上写出他们的英语学习内容，因为我知道亚阆已经在信里告诉您了。

亚成

我听说您急切地想让我们给您写信，所以现在我打算给您写封短信。先生，从您离开后这里也没有发生什么新闻，我也没法写太长。现在我们所有人的身体都很健康，第一期班级的学生和年龄比较大的男生开始一周学习一次中文写作，每天早晨中文老师向我们解释《学而》，这周就学完了，然后我们从星期二上午开始学《先进》。从您在这里的时候，就开始下雨，一直下到现在都没停。有时候，雨下得太急，雨水把地表泥土都冲走了，现在布朗先生雇用工人在房子东边挖了一条排水沟，正对着望南邮。雨水浇灌了植物，山上的青草看起来晶莹青翠，漂亮极了。另一艘美国军舰在周二抵达，当军舰驶到港口的时候，几次开火鸣炮。我猜测这艘军舰下周将驶向澳门。我听说来自美国的顾盛先生（Mr. Cushing）要和清廷签订条约，要求允许外国人来华交易。如果是这样的话，我觉得这个国家会迎来大规模的商业贸易，这对中国、美国、英国和其他国家都有利。因为中国已经对外闭关很多年，如果现在朝廷愿意打开国门，让英国人和美国人踏上这片土地并到处旅行，我期待他们能够书写关于中国历史或地理的优秀著作。如果这样的书籍出版，我会去学习的。

亚根

我写信给您，希望您一切顺利，我想再次见到您。我们都非常好，布朗一家人也很好。当您从京城返回后，我希望您告诉我们京城的一些故事。现在我们在学校比以前学得更好了，布朗先生的学校约有 30 个男孩子，分成四个班，有的学地理，有的学阅读，有的学拼写，还有的学语法。布朗先生有两匹马，布朗先生用一匹，布朗夫人用另一匹。一个苦力充当马夫照料着马匹，有一天这个苦力未经布朗先生允许剪掉了马尾。布朗先生还有一只猴子，有一天这只猴子跑下山，中国人经过的时候看见这只猴子就捉住了它，之后约 20 个人跑到布朗先生的房子前，他们要求布朗先生赔偿他们每人一美元。5月27日，一艘豪华的法国轮船驶到香港，多次鸣炮开火。

亚驹

　　现在我没有什么重要消息要说，但我会用接下来的篇幅讲一个传道的故事。25年前，非洲南部住着许多原始的野蛮人，他们看起来又残忍又无知，既不崇拜神灵，也不彼此教导。当他们杀人的时候，他们内心丝毫不觉得做错了事。他们用动物皮毛遮盖身体，有时候用动物油脂和赭石制成脏兮兮的油膏涂抹在身上，防止皮肤被太阳灼伤。这些可怜的野蛮人，甚至不怎么关心自己的孩子，经常把他们卖给陌生人做奴隶。最后，一些传教士到了那里，在他们中传道，向他们宣讲上帝的恩赐，多年来尽力向他们表达善意。他们逐渐有所改变，开始建造舒服的房子，学习如何阅读、写作和工作。那里有个聪明的女孩，14岁，她去上学，学得又快又好。校长非常渴望她继续学习，并且让她作为学校的领头人教导其他人。她的父亲是军人，在她很小时就离开她了，她不知道父亲是否还活着。有一天，这个女孩非常惊喜地听到她父亲回家的消息，她开心极了，跑出去迎接，而她又害怕父亲回来是带她走的。原来她父亲想要她传扬福音给他和部落的族人。后来这个女孩和父亲征得老师——传教士莫法特（Mr. Moffat）先生的允许，开始在当地教导民众。她明白这是自己的职责，于是告别老师，和父亲一起到各地传讲基督教义。盼望再次见到您并收到您的消息。

亚赞

另外，教育会最新报告发布后，捐赠的公告在外国居民中间广为流传，他们纷纷慷慨解囊支持学校的运营。教育会39位年度捐款人共捐赠970美元，全部捐赠数额达1875美元。

第八章 马礼逊教育会 1844 年报告 [①]

马礼逊教育会的六周年庆典于 1844 年 9 月 24 日在香港维多利亚教育会所在地如期举办。出席者包括唐纳德·麦地臣（Donald Matheson）先生、蒙哥马利·马丁（R. Montgomery Martin）先生、贝尔先生、斯蒂尔（C. F. Still）先生、马丁·福特（Martin Ford）先生、卫三畏先生、R. 里斯（R. Rees）先生、S. 罗奇福德（S. Rockfort）先生、史丹顿牧师（Rev. V. Stanton）、叔末士牧师、布朗先生、吉莱斯皮（Gillespie）先生、理雅各牧师、裨治文牧师、迪尔（Dill）医生、合信医生、玛高温（Macgowen）医生、皇家炮团的帕罗特（Parrott）医生、洛少校（Major Low）、多兹上校（Captain Dodds）。

傍晚六点，教育会会员和教育会的朋友们在特别良好的氛围中齐聚一堂，教育会会长裨治文博士主持会议，进行简短的发言。随后通信秘书卫三畏先生宣读部分会议报告，布朗牧师宣读部分报告。

在报告的结尾，由贝尔先生提议，马丁先生附议，全体一致通过："我们接受刚才聆听的这份报告，并且由理事会负责将

---

① 译自《中国丛报》1844 年 12 月第 13 卷第 12 期第 619—647 页：马礼逊教育会第六次年度报告；1844 年 12 月第 13 卷第 12 期第 619—621 页：1844 年会议记录。

此报告印刷出来。"

两位绅士对这项提议表示赞同，对报告中提出的观点和细节表示非常满意。

唐纳德·麦地臣先生提议，由迪尔医生附议，全体一致通过："教育会感谢理事会在过去两年对各项事务的管理。"

唐纳德·麦地臣先生提议，史丹顿先生附议，全体一致通过："教育会感谢布朗先生今晚为我们宣读报告，同时感谢布朗先生和布朗夫人对学校的管理及其为执行教育会的计划做出的努力。"

马丁先生提出这些决议后，对于报告的一些观点表示赞同，他认为学生的道德训练和培养非常重要。马丁先生还提到最近他见到在巴富尔上校（Capt. Balfour）上海办公室工作的两名学生，他们品性高洁，是忠诚和值得信任的办公助手。贝尔先生附议史丹顿先生的动议，并简要地表达自己对布朗先生和布朗夫人的敬意，感谢他们对学校的悉心照料和对学生的谆谆教诲。

布朗先生感谢教育会对他的评价。他表示，只要条件允许，自己愿意将毕生精力投入到学校中。他衷心地希望学生能够成为教育会的骄傲，能够凭自身努力成为有用之才，同时他希望学生完全相信《圣经》的真理，严于律己，遵守《圣经》的戒律。

由于教育会的名义赞助人离职，斯蒂尔先生提议，贝尔先生附议，教育会做出决议："理事会经授权请求德庇士先生（John F. Davis）接受教育会名义赞助人一职。"接下来教育会会员投票选出下一年的办公人员。之后，史丹顿先生提议，牧师合信医生和理雅各医生附议，教育会感谢裨治文博士担任会长一职，感谢他对机构事务的关注。裨治文博士也表达了谢意并重申自己将一如既往地为教育会谋福利，他很乐意尽自己一切努力使教育会繁荣发展。

紧接着会议进入休会阶段，在场的各位先生们被邀请出席学校的考试。所有的教师都集中起来，布朗先生召集第四期班级的 10 名学员，他们在学校接受教育已有一年。他们每人手里拿着一本阅读课本，学生所学的每个科目用一节课来展示，我们可以看到学生在阅读、拼写和对所读材料的理解上取得的进步。这项考试完全用英语进行，他们不但能够理解教师所说，也能够理解自己所读，他们取得的进步由此可见一斑。

第三期班级的 10 名学生参加心算与阅读小故事的测试，从中可以看出，他们不仅理解这些小故事，而且能听懂老师对他们说的所有英语。

接下来是第二期班级的 4 名学员，测试他们的是科尔伯恩《算术续篇》(*Sequel*) [1] 中算术的简单法则。在这个测验中，学员们显示出对算术的基本要素有一定了解。他们还上了一节阅读课，被问及一些有关地理的问题。

第一期班级的学生接受了阅读、力学原理、地理方面的考试，几乎涵盖他们学过的所有内容。他们的英语习作被大家传阅，在场的各位先生可选择任何主题对他们提问。有时候学生被问到时反应会稍微有些迟疑，但他们在回答时能使用恰当的

---

① *Sequel* 的完整英文名称为 *Mental Arithmetic Sequel*（《算术续篇》）。

习惯用语。考试中问到的最后一个问题是："你们对于彼此的责任是什么?"学生们对此的回答是："做有益于彼此的事。"

马礼逊教育会第六次年度报告

理事会感到十分高兴和荣幸，教育会首次在自己的办公地址向教育会会员及教育会的朋友们做第六次年度报告。教育会在这里办公已经有两年时间，其间教育会为学校考虑对办公场所作出许多调整。在此，教育会及其理事向刚刚离职的英国驻香港全权特使璞鼎查先生表示衷心的感谢，正是璞鼎查先生在接受英国女王陛下的任命担任驻香港全权特使期间赠予我们这处办公场所。

我们在进行详细报告之前虔诚地感谢给予我们生命的上帝，感谢上帝在过去两年里一直保佑教师安康和学校繁荣。在人们一度面临严重的死亡考验之时，我们学校却免于疾病，我们不会把这归功于学校的卫生或其他原因。我们之所以没有人生病，是因为我们得到了上帝的眷顾。学校里只有英国男孩哈里斯（V. P. Harris）因死亡而被除名，他在比较特殊的情况下入学，一年前死于高烧。

虽然在华外国人居于不同的地方，彼此之间离得比较远，但他们仍不辞辛劳时刻关注着我们这个学校的进展。教育会在广东成立时，在华外国人集中在一个地方，与那时相比，现在人们对教育会的兴趣更浓厚了。虽然现在大家参观学校很不方便，甚至有时候路途过长，使得很多人没有办法来学校参观，但是我们认为这些在华外国人对教育会的关注和兴趣不会因为

距离的原因而减弱。很抱歉，在这里讲了这么多不是很重要的
细节问题。

　　以前的报告已经向大家提供了所有与马礼逊教育会的形成
和目标相关的必需信息，其中有教育会创始人的计划和看法。
当我们回顾这些报告的时候，我们想起了以前的朋友们，想起
了自从 1838 年在广东举行会议以来所发生的变化。教育会的大
部分成员，几乎是建立教育会的所有老成员都已回到自己的国
家；还有一些人已经去世；只有两三位教育会的老成员还一如
既往地关注着教育会的发展。无论如何，我们希望他们的继任
者把中国人的福祉看作一个值得关注的目标，帮助在中国人中
传播这些福利，使接受基督教的中国人和我们这些基督教国度
的臣民拥有自己的优越性。

　　为了表明教育会践行崇高目标的主张，我们或许可以说，
教育会的由来和建立是与在华外国人的功劳分不开的，建立教
育会的目的是加强基督教教育，也是对生前辛勤工作的马礼逊
博士的致敬和永远纪念。我们要提及那些关注教育会的人士：
查顿先生、麦地臣先生、罗伯特·英格利斯（Robert Inglis）先
生、奥立芬先生、格林先生，以及前会长颠地先生。这些人见
识宽广，身体力行。然而，这些人都没能一直留下来亲眼目睹
教育会实现他们设计的蓝图。今天在座的所有人都会注意到，
我们这次会议上有个位置一直是空缺的：我们失去了我们的记
录秘书马儒翰先生；然而我们相信，即使马儒翰先生去世了，
教育会的发展仍将得到在华外国人的强有力支持。在此，理事
会明确：马礼逊教育会是在华外国人的财产。除一两次外，我

们没有从国外接收过一分钱，而且理事会也不打算向国外组织筹款。教育会的建立目标是扫除无知和邪恶，当我们向国外申请资助时，当然会得到令人满意的答复，但他们也会因为国外自身的教育需要资金而放弃资助我们。教育会的繁荣，教育会的功用以及教育会为人们做出的贡献，这些几乎都取决于在华外国人对我们的恩惠和帮助。教育会考虑的是长期目标，所以理事会希望在华外国人对教育会的资助和支持也能够长久。相应地，当初我们自己从基督教教诲和照顾中受惠，现在我们也以此来帮助马礼逊教育会。以上所讲表明，教育会前景很光明，如果我们的赞助人和朋友们能够看到他们的资助得到了合理应用，他们的努力没有白费，可以"眼见为实"，那么将保留他们刚开始的举措。

在 1841 年年会上，教育会理事会投票做出的决定之一是再招聘一名教师。为此，我们给美国纽黑文委员会写信，因为此前该委员会非常友善地帮助教育会向美国申请招聘一名教师。然而，这次他们还没有找到合适的人选，如果再拖延下去，理事会将考虑采取进一步措施落实这件事。我们在教育会的文件里多次提到落实教师这件事，在这里我觉得没有必要再次引起大家的注意。去年 12 月发布的通告中提及我们已采取这样的措施，我们当时抱有希望在此之前可以有一名教师到位。我们考虑到增加教师以及扩大学校规模的计划不可避免地会带来更多的生源，因此在 12 月的通告里，我们建议可以增加宿舍。现在，我们再次提起这件事，这样教育会就能够提前知道理事会将采用别的方式来完成这件事，需要做出怎样的改变，开支多少经费，才能圆满地完成这个任务。我们可以在现有的房屋西边加盖一个房间或者花少量的钱将现有的房屋扩大，这样能够提供二三十名学生的宿舍。

去年12月，理事会发现将教育会的需要以通告方式公布给在华外国人是很有必要的，理事们希望向那些响应通告的人们表示感谢。那时，我们提出来每年的资助计划是学校永久发展的最有力的保障，我们要采取措施来确保资助的人数，同时要增加捐助者的人数。在几个星期里，我们获得44个年度资助者，还有许多的捐助者。我们相信，进行捐助和年度资助的人数都会增加；虽然目前我们多次号召在华外国居民慷慨赞助，但理事会充满信心，相信这个历史最悠久的在华社团的需求是不会被忽视或放弃的。正是通过每年的资助，类似的计划在其他地方才能够进行下去；显而易见，对于关注教育会的所有人来说，这是能够真正确保工作业绩，为理事会的运转提供必要的资金，并且表明我们的教育事业能够发展到哪一步的唯一方式。

去年，璞鼎查先生不幸去世，我们失去一位名义赞助人。教育会感激璞鼎查先生为学校提供校址。璞鼎查先生刚到中国不久，我们这个机构便引起了他的注意，他对教育会的目标很赏识。作为教育会的名义赞助人，璞鼎查先生想尽办法推进教育会的发展。经英国政府批准，璞鼎查先生为教育会争取到更多的资助，将马礼逊教育会纳入同印度和其他地区一样接受政府支持和帮助的体系中。我们相信，璞鼎查先生的继任者将落实这些安排。

在这里，理事会希望提到一件与璞鼎查先生的赞助有关的事情，即我们学校许多比较优秀的学生被英国领事馆聘为译员和中文助理。我们在上次报告中提到过有两名学生现就职于巴富尔上校在上海的办公室。他们去年冬天来到上海，打算在上海工作六个月后回来。另外两名学生原本被分配到沿海地区就职，但由于安排不当，最终这个交换项目没有成行。现在上海的两名学生亚植①和天寿仍然是我们学校的学生，将来会回学校继续他们在第一期班级的学业。

教育会的愿望是能够看到这些学生不辜负自己及赞助人的期望，成为有用之才，这自然也是这些学生的亲友的愿望。由于理事会使这些学生远离父母亲的影响，那么理事们自己就要承担起为人父母的责任。理事们认为，他们和教师应共同努力，尽可能为学生的福利做最好的安排。在选择或拒绝招收学生时，理事会认为要考虑到学生的道德和社交状况，尽可能地选择能抵得住诱惑和不受不良影响的学生，因为在不良影响下，即便是基督教出身并受过基督教影响的人也会声誉扫地，失去健康，前途黑暗，生命黯淡无光。我们希望能让这些年轻人自己受益，更主要的是，当他们受益的时候，也会让他们的同胞们受益。他们能够并愿意永久地为自己的同胞谋福利，用他们自己的语言向同胞们展现能够让人变得高尚和纯洁、启迪心灵和思想的丰富知识。我们希望他们深刻理解基督教教育是什么；在理事会看来，基督教教育就是建立在对上帝的敬畏基础上的教育，

---

① 亚植即唐廷植，别名茂枝，是唐廷枢的长兄。

它是智慧的源泉，能理解人类与造物主及其同胞之间的关系。我们希望学校的每个学生都能够成为一盏光耀四方的明灯，所到之处给别人带来光明，而这光明并不是为了向人们暴露丑恶，而是引导人们走向光明和真理的源泉。我们要想完成这项任务，自己的力量是远远不够的，我们向上帝寻求帮助，希望上帝能保佑他的臣民。为了向在座的各位展现目前的状况，现在理事会邀请布朗先生上台，就去年的工作情况做报告。

在会长要求下，布朗先生上台宣读以下报告。该报告在会前已提交给理事会。

致马礼逊教育会理事会：

先生们，在此周年庆典之际，我有义务向大家汇报所管理学校的一些情况。回顾过去一年，我们很高兴没有一个学生因过世而被学校删去姓名。如果能在更长的时间里没有一个学生得病，那就更好了。居住在这个校舍的平均人数大约有50人，只出现一例高烧，过去的一段时间里，学生们身体状况良好，没有人生病。

然而，过去一年我们中间还是有人离开世间。去年11月16日，我们集体悼念14岁男孩 V.P. 哈里斯（Vere Paulett Harris），他是 C. P. 哈里斯（Charles Paulett Harris）先生的儿子。哈里斯先生来自英国曼彻斯特，从事写作。当初经理事会同意，这个孩子寄宿在我家，在学校就读，一方面是为了学习汉语，一方面帮助我指导年龄小的学生。他来到学校仅两个星期便赢得所有人的喜爱，然而他突然患上致命的热病，两个星期后便离开人世。今年 1 月，仅 11 个月大的婴儿罗伯特·马礼逊（Robert Morrison）不幸夭折。除了上述两个例外，去年一年里，学校里很少有疾病发生。除上面说到的学生的情况，其他没有什么值得提及的。

去年写年度报告时，我们学校共有 22 名学生，那时我便确信以后学校中学生的数量不会像以前那样波动，过去一年的经历证实了我的说法。学校中只有一个学生被永久性地除名。这是个来自澳门约 8 岁的男孩，他在春节期间回家，节后仍然在家待了很长时间，其后再也没有回学校。据我所知，他之所以在家没有回校，并不是因为他自己不想回学校学习，这是他父亲的意愿。他在学校接受教育的时间总共不到一年。另一个年龄比较小的男孩因同样的原因缺席，但我希望他能够回到学校继续学习。这名学生是我不在校时被带走的，原因是有段时间他一直饱受脚痛之苦。学校除名的学生数目在减少，由此可以为两件事提供可靠的证据：一是中国人对我们教育其子女的成效的疑虑越来越少；二是学生们更珍惜他们享受的优待。除了上面我们提到的两个例子，在学校待过一年以上的学生没有一个主动辍学的。的确，因不良行为而开除学生，这是我们能够使用的最严厉的惩罚措施。

从去年 9 月份开始，学生人数持续增加至 32 名。这超过了我们能够容纳的人数。两个高年级学生在上海担任政府译员，这样学校需要解决 30 名学生的住宿。我们尽力为 4 名学生找到了最便利的校外住处。我们还需要约 150 美元的费用，用以按照每个学生住宿需要的面积，把现有的房屋多装修出 12 个房间；这样一来，就可以轻松容纳38名到40名学生，并且学生住起来会很舒服。两名学生去了上海，在他们离校期间，我听到了不少对他们的称赞。他们要在六个月期满后回到学校，届时我们会让另外两名学生代替他们，或者每次去一名学生。最近，英国驻上海领事巴富尔上校致信说：他觉得自己的广东译员没有什么用处，而且很难管。几个月以来，巴富尔上校一直完全依靠我们的学生翻译，因此学生译员一就任，上校就离不开他们了。巴富尔先生在信中暗示：他对我们学生的能力和作风非常欣赏，并且他打算辞去所有普通译员，请更多我们的学生去他的办公室帮忙。我们很高兴能够为巴富尔领事提供更多的学生，他对此会更高兴。在上海的一名学生坚持写日记，而另外一个则会给我写信，他们两人都感激自己受益良多，同时向他们的赞助者表示感谢。麦都斯先生和雒魏林（Lockhart）[①] 医生也常在来信中称赞我们的学生。根据学生们的水平，目前校区中的学生被分成四期班级，具体情况如下：第一期班级有6名学员，第二期班级有4名，第三期班级有10名，第四期班级也是10名。

---

① 雒魏林（William Lockhart，1811—1896），伦敦皇家外科医学院院士，伦敦布道会遣华传教士，中华医学传道会会员。1839年至1857年，雒魏林先后在广州、澳门、巴达维亚、舟山岛、香港、宁波、定海、上海等地开设医院行医。1857年12月初返回英国。1861年7月抵达香港，后经过上海和天津，于9月初抵达北京，创办一家医院和传教站。1864年8月，雒魏林回到英国，从此在英国宣传中国的传教事业。雒魏林著有英文著作《上海华人医院十一年的年度报告（1846—1857）》（*Eleven Annual Reports of the Chinese Hospital at Shanghae from 1846 to 1857 inclusive*）、《在华行医传教二十年》（*The Medical Missionary on China: a Narrative of Twenty Years Experience*，1861），在《都柏林医学杂志》和《中国丛报》发表相关文章。

第一期班级的学生大多已经在学校就读了四年，还有一名在校就读三年，而另外一名约有三年多。在去年的一年里，他们进行了历史、地理、算术、力学、阅读、写作和作文学习，包括系统的语法学习。在历史课上，学生们已经学完手头的教材，这本教材从查理一世（Charles I）的统治开始讲起，一直讲到现在大不列颠的女王。他们花费很多时间学习地理学的数学原理，并与这个科目最明显相关的天文学和自然哲学的知识紧密联系起来，同时学习了欧洲、非洲、美洲和亚洲部分地区的地理轮廓。在算术课上，学生们学习科尔伯恩的《算术续篇》，这本书采用只问不答的形式。学生们熟悉笔算的基本法则及普通分数，涉及"单利"（simple interest）、"三法则（交叉乘法）"（the rule of three）和"约分"（reduction）的问题及其解答。约四个月前，我们开设力学课程，迄今为止学生们已经学习了力学教材的前四个主题，即牛顿的三大运动及引力定律。学生们对这门课非常感兴趣，他们的探索经常激发其美好的好奇心。我认为在世俗知识中，自然科学最能塑造他们良好的道德品质。实际上，让学生了解上帝创造奇迹的力量存在于创造的每部分，在学习中可向学生们更多地揭示上帝的智慧，向不经意的观察者展现看似简单的偶然中包含的无数复杂因素。对学生进行道德教育时，我们还要适时地颠覆偶像崇拜的基础。在过去相当长时间里，学生们做了许多阅读、拼写和下定义的练习；去年一整年，学生们每天都会花费少部分时间在抄写本上写字。

低年级学生的学习任务当然也会少一些，而且学习的范围更有限。第二期班的四名学生在学校就读的时间是两年零五个月，他们阅读并背诵初学者使用的一本地理小册子以及上一期班使用的（地理）大全的部分内容。考虑到这期班的人数，只要可行，我们会把这个班和其他班合在一起上课，我觉得这样做非常必要，不然的话，他们中有的人可能得不到指导。通常情况下，当涉及地理背诵或者阅读课时，我们会将第一期班和第二期班合在一起上课。上面提到的这四名学生，起初完成并复习了科尔伯恩的《算术入门》，然后继续学习科尔伯恩的《算术续篇》。这些学生使用这本教材之前从来都没有用过写字板和铅笔来解决算术问题，而是通过心算来做。学生在《算术续篇》中学习除法，他们根据课本安排进行简单和所谓复杂的除法规则学习。同样，学生们专注于语法的学习，我们姑且称之为语法，虽然我更倾向于称其为英语语言的结构。因为提到"语法"这个术语，通常人们会认为其中隐含着"规则"，学习语法也就意味着记住这些规则，然而，他们中还没人能做到。他们也和第一期班的学生们一起，经常练习阅读、拼写、下定义和仿写等。在座各位面前的作文样本，可向大家展示学生们使用英语写作的能力，以及他们的书法水平。

第三期班的学生已经在学校就读一年多，他们的学习只限于阅读、写作、拼写和英语口语。他们的写作大部分是在写字板上做的。他们先阅读一篇课文，然后被要求回答有关课文的一些简单问题，有时是口头回答，有时是笔答，有时两种都用。这些学生的智商和学习能力差别很大。一些人比较聪明，在学习英语发音的时候没有太多困难；而另外一些学生学习比较困难，受到汉语发音的影响比较多。有时学生很长时间都不能清晰地发出字母 k 的读音，不论 k 出现在词前、词尾还是词中的位置。有的学生无法发出字母 g 的声音；有时他们需要几个月的练习才能正确发出 r 或 th 的发音。通常，学生们很难区分 m 和 b，t 和 d 的发音。的确，我只发现一名学生刚开始便能轻松准确地模仿教师的英语发音，他是来自南京的一个孤儿。现在，这期班的学生在充分准备后能够读出三四个音节的单词组成的段落，并且能够回答有关该段落的简单问题。他们当中只有两三人尝试使用钢笔书写英语，年龄大的学生可以在写字板上写出一手好字。

第四期班的学生在学校就读时间从两个月到六个月不等，目前他们能够比较慢地读出单音节单词，但在发音的准确度上参差不齐，这与他们在学校接受教育的时间成比例，除此能够在听写单词的时候写出不少单词并且正确地拼写它们。由于学生人数过多，这期班与其他班同样受到之前所述原因的影响。

迄今为止，学校中文部由一个中国本地人负责。我们很幸运这样一位受人尊敬的年轻人能够在我们学校工作，他对自己的工作很感兴趣，并且努力让学生受益。他每天约有一半时间指导学生。他改进中文部的教学，效果很好。每天早餐前，他会向学生们解读学校使用的教材。他给学生们读大量的中文书来加强理解，这些学生围坐在他周围，听他详细解释他们之前背诵过却不知其意的内容。对于有能力的学生，他会指导他们用中文写作文，或是从一些经典中找出一些句子，让学生们接相应的下句，抑或找出同一作者的主要观点，让学生们依此风格进行或多或少的扩展。这样一来，接受此训练的学生既学习了写作，也能够更好地理解自己读到的内容。通过每天的晨读，这位教师已经教完四书之一的《大学》，并且已经开始教授另一本。这门课程有许多优点，唯一不足之处就是，这位教师在讲解过程中看到文章的太多妙处时，会提出太多文章隐含的理解，这样一来他在每句话上都花费太多时间，这种不断扩展对于听者来讲有时候就会变得乏味枯燥。他完全可以进行得又快又好，这样或许更有助于学生理解文章。不过从各方面来讲，他都是我们学校最令人满意的中文教师。由于现在学生的人数过多，他自己一个人很难完成教授所有学生中文的任务，所以最近我接收一个男孩来我们学校，他通读过所有中文课本，一直协助他的父亲在学校教书，他可以协助这位中文教师。作为报酬，教育会为他提供了衣服，同时让他学习英文。

这也许就是学生学习和学校开展工作的全貌。这些是值得向各位汇报的内容，但显然只是个略述，对教师的职责只做了简介，而对教育主题更是蜻蜓点水式的介绍。教育并不是那么容易理解的，也不是在短时间内就能够解决的。我以上所说的这些中国学生在去年一年里所接受的教导，充其量不过是对学校教学的老生常谈。我还没有提到学生们所接受的道德教育，也没有提到通过努力和采取手段而形成的教育最终目标。这方面的工作是任何好的教育体系中最主要的组成部分，如果弃而不谈的话，那么学生们就疏忽了这些最主要的东西。

如果一所学校忽略人本质中道德的教育，那么这所学校就没有创办和维持的意义。任何有负责感的人都不会开办一所缺乏道德培养的学校。但是，我将这个话题放一放，先向在座的各位报告一下在我与教育会过去五年的联系中，我亲身体验和仔细观察所得到的一些结论。有兴趣在中国开展教育事业的人经常会问一些问题，这些问题说明人们很想了解这方面的大致情况，从而使学校的具体要求符合公众利益。我希望有些问题可以通过这种方式找到满意的回答。那么，下面就请允许我向大家大体介绍一下教育会提出的受教育的条件、实施教育的方式、采用如此方式的原因及取得的预期成果，我将用与该机构相关的一些资料来说明以上的问题。虽然中国自诩在基督纪元前就普遍存在着公立教育体制，但是这种所谓的"古老的教育体制"所培养的只是一些勤奋而听命于国家的臣子。该教育体制的目的并不是促成人的天性的全面自由发展。中国学校的学习遵照统一的程式。自然科学被排除在学习之外，人们自发质疑的精神受到压制。在中国，所有的事情都是一成不变的，我认为这种反常的不变正应归咎于其教育体制，而不是其他原因。人们的习惯、风俗甚至看法随着年龄的增长一成不变。虽然这种体制以自己的方式取得了很好的效果，但这些效果既不能来回答教育的最终目的，也没有培养出让人满意的慈善家。一位已故作家曾经写道："用弥尔顿的话来说，高尚和崇高的教育是什么？答案是现成的，教育可以采取任何形式，通常指训练人们拥有健康和优雅行为的活动，增强我们的精神和身体的活力，培育我们的爱情、礼仪和习惯的活动。"从这方面来讲，中国的教育体制没有完成教育的任务，也没有努力尝试来做。马礼逊教育会将行动起来，改变这种将人培养成为温和机器的废旧的教育体制。新教育有助于人的天性培养，结出知识和美德的丰硕的果实。在旧教育体制下，这些知识和美德的花蕾早就被扼杀，如现在一样。如果说时不时也有知识和美德的花朵在中国存活并盛开，那也不是中国教育体制的功劳。我们来到这里，将这些孩子从这种灾难性的扼杀中解救出来，而我们该如何开始做这件事呢？当学生初次来到我们学校的时候，除了自己家乡的那些事情之外，他们几乎什么都不知道，对任何中国之外的事物都存有偏见。他们受到封建迷信的愚弄，会因一片落叶而害怕得发抖，好像大地和空气充满了罪恶的灵魂，他们被训练要崇拜那些毫无意义的礼仪。简而言之，这些孩子除了具备和基督教徒的孩子们相似的大脑结构并具备接受教育的基本条件之外，几乎一无所有。每当看到一期的新学员时，我的感情就难以形容。

这些学生的特点彼此不同，但是他们通常都有一种差不多的愚钝表情。在没来学校以前，这些孩子们是否接受过教育意义并不大，因为他们以前所学的都是一些虚无的东西，那些书面的汉字可能从头到尾都没有给他们传达什么新想法。他对世界一无所知，对自然科学也不甚了解。学生以前可能读过三四年的书（这样的学生在我们学校比较少），然而他对客观事实的了解却非常空泛，好像他从来没有读过书一样。因此，如上面我所描述的，无论他之前有什么样的优势：他来到学校才学到了许多有用的知识。然而与此同时，他的头脑却有待于摒除那些错误的、封建迷信的观念，将这些长年累积下来的东西清空，因为这些观念无法容下进步的思想，无法与真理共存。学生虽然很年轻，但不管怎样他们都是陋习的受害者，这些陋习需要被良好的习惯代替，否则，增加他们的知识只会让他们有能力为非作歹，而不是去追求幸福。

上述的陋习中最主要的就是对真理的完全漠视、道德败坏和胆怯。我还可以列举一些其他陋习，但以上陋习就足以削弱我们一直努力尝试建立的美德的上层结构，并且迄今为止，我还从未遇到过不带这些陋习的中国学生。看着这群孩子们，我说过：我们有可能用健康的活动让他们的思想活跃起来——唤醒他们，使他们对质疑和探索产生兴趣——能够使他们目前空洞的思想变得更加活跃吗？他们在最易受影响、可塑造的阶段接受了错误的、有缺陷的训练，那么我们有可能将这些学生变成受到启迪的基督教徒吗？为了这个目的，他们被送到我们的学校，而我们必须尝试去指导他们。

上面就是我们要解决的问题，现在谈一谈我们如何处理这些问题。阿基米德（Archimedes）只需要一个支点就可以支撑起地球。我们目前首先要寻找的就是支撑起杠杆的支点，这样才能改善中国的教育现状并进而改良退化的思想。毫无疑问，这个支点就存在于人类的智慧中。中国人对外国人的敬佩需要逐渐培养并提高，之后我们才能得以依靠。孩子认识事物的观点往往会和他们的父辈一样，而他们的父辈有时候意识不到自己对非中国出生的人们的习惯性轻视，以至于当这样的父亲来到我们学校为儿子争取录取资格时，他称呼外国教师为"鬼佬"。然而，"鬼佬"却和善地回应他们。

如果方法得当，用不了多长时间，学生的爱就可以确保为我们提供一个可靠的支点，而现在必须把杠杆用起来。这样就出现了一个问题，我们应该用什么样的交流方式来指导这些年轻人的思想呢？我们知道不论我们采用什么样的方式教学，语言和书本是必需的。如果指望中国的文学和汉语言，我们会发现这些知识不足以达成我们的教学目标。汉语口语并不适用于表达深入心灵的内容及最简单的科学事实，也不具有大量抽象的、技术性术语。那么我们应该依赖书本吗？书本同样不适合我们的目标达成。假设这些学生能够读懂书本，他们仍然不会向知识的源泉靠近。中国私塾里的书本到处都一样，那些通常被称作"四书"和"五经"的书，即孔子、孟子和其他生活在基督纪元前作者的作品和学说。即使这些作品的评论家是近代的，他们也只是局限于阐述这些书的意思，不能使这些书更适于儿童使用，而这些著作的写作风格和主题也不适于儿童。这些作品是关于古老的圣人先贤就政治道德原则与君主和弟子进行的谈话，以及一些远古时代的诗歌。

在这个国家，儿童们最先接触的是一本韵文书，每句都由三个字或三个单音节词组成。虽然这是本入门书，但其构成足以受到指责。这本书中每句话或者几乎每句话都由三个字组成，显得过分简洁和对称。观察这本书的头几句话的主旨，我们便会发现拒绝使用这本书来教育学生的更多原因。书的开篇是"人之初，性本善。性相近，习相远。苟不教，性乃迁"。作者紧接着开始陈述，将尊重上级作为教育中要灌输的最主要的事情。为了进一步阐述该道理，作者列举了古代编年史的一些例子，如孔融仅四岁就很有礼貌，等家中的长辈先从篮子中选择梨子，然后自己才安静地去吃梨。还有一个小伙子，只有八岁，非常孝顺，他习惯每天晚上都躺在父亲的被窝里，把床暖热，然后才请父亲就寝。所有这些都是采用简洁对称的韵文风格，每句必须只有三个字，不多不少。这就是中国使用的启蒙读本，是最基本的书本。当然，学生们在学习这本书的时候，他们不能理解书中的部分内容，但是，这一点并不被要求，也没有被重视。

当学生能够反复背诵《三字经》的时候，他便可以继续学习四书。四书展示古代圣人们的深邃思想，用语很古老，甚至现在已废弃，比我们刚刚提到的《三字经》更晦涩难懂，学生们用几年时间也不能真正理解。他们不考虑四书的详尽内容，只是集中精力将老师教他们的连串读音用在阅读中，这样他们就算学习了四书。四书最后一本是《孟子》，和其他记录孔子教导的书相比，这本书对话中的话语联系紧密，如果学生能够掌握这种行文风格，抓住文章讲述的主题，那么他们就会发现一些非常好的推理论证的范例。这或许因为孟子比孔子的头脑更加活跃和敏锐，或许因为孔子的思想被整理者叙述得很糟糕，忽略了生活在不同年代的两位圣人指导我们行为规范的差异。但是，即便是《孟子》行文使用的语言比较简单，这本书的论证仍然不适合儿童来学习。以孟子最喜欢的一个假设为例。他认为一个民族的繁荣完全取决于这个国家君主的性格，紧接着，孟子由此假设提出所有的结论。所以唯有聪慧过人且思维敏捷的学生才能在继孔子之后圣人孟子的引领下走出其设计的迷宫。因此，直到学生们将《孟子》全部死记硬背完之后很久，他们才懂一点儿，甚至一点儿也不懂。那么，他还会继续学习五经吗？是的，学生接下来会学习《诗经》，一本由孔子本人删减的诗集。我们恐怕找不到比《诗经》更难懂的书籍了，这本书不仅古老，而且比所有这类诗歌都要晦涩。背诵《诗经》以后，学生开始学习《尚书》。这是除《摩西五戒》之外，年代最久远的历史书。学生们在学习这本书的时候，需要具有之前所学的书本中的重要汉语知识以及科学知识，才有可能理解；学生们必须浏览书中蕴含的历史典故，大部分学生只是对这种古风感兴趣，不过是蜻蜓点水，根本没有真正挖掘文字后面所包含的内容。

接下来，学生应该学习关于事物变化规律的《易经》吗？据说，迄今为止，除了作者本人，估计没有人能够真正理解《易经》的内容，这确实让人怀疑这是否言过其实。虽然中国人非常尊敬地将《易经》保留为学校的常规教育用书，但通常他们会自己放弃学习《易经》，而是把它传下去。据我目前为止的发现，这本书自称通过世界上最简单的方式解开自然的神秘和命运的定数，即根据八条直线所产生的不同的算术变化来解释世间万物的变化规律。学生们从这些书本中学到一些知识后，下一步可能会学习《礼记》。这本书记录了所观察到的礼仪和各种生活关系中的规定，从君主到平民，从个人的出生到被埋葬无不涉及。教师要求学生像学习其他书一样重视这本书。学习《礼记》之后，接下来就开始《春秋》的学习。该书由孔子所作，是一本记录春秋史实的史书。对于一个渴求知识的人来说，只安排学习这些书是不够的，但他可以聊以自慰地说这是最后一本书。如果学生阅读了上述所有的书，那么他就是受过良好教育的人。这是中国年轻人必须接受的教育历程，是中国人的后代受教育的方式。这种教育体制唯一的优点就是，年轻人经过长达几年的学习之后，终究会掌握部分知识，进而可以理解以前被忽视的文字的意义，并且模仿作者的风格进行自我创作。中国教育体制的最终目标就是获得汉语言知识。

以上我之所以赘述中国学校所使用的教育用书和过程，是因为有些人似乎对此表示怀疑。在他们看来，除了教育体制外，好像再没有别的理由能够解释中国人相比其他亚洲人的优越感。他们怀疑这种教育制度是不是中国仅有的一种教学机制，怀疑外国人教授中国学生英语的尝试是否有必要。而中国人告诉我们，上面提到的那些学习内容都是古代皇帝和贵族们认可并看好的古老的教学方法。

然而，这种教育体制显然无法达到教育的最终目的；同样，那些汉语书也不适用于完成我们的目标。虽然我们和中国人编写教科书的原则不同，但我们是否应该尝试用汉语编写教科书以适合中国人学习，从而完成在华教育的目的呢？这个问题很重要，应该慎重回答。一些耶稣会修士已经在用汉语编写有关数学和天文学的入门书籍，虽然这些书并不是学校用书，只是为翰林或者皇室学堂所用。他们的成功引起我的思考，或许我们应该采用这样的方式编写更多的书本，尤其是有关数学的书本，因为汉语中数学术语比其他任何科目都要多。然而，我们必须承认，我们这样做将会面临许多困难。首先，这需要我们差不多终身投入汉语学习，才能像中国人那样熟练地使用汉语。这样的语言天才学成后，才不会在开展项目中遇到一般的障碍。

与其他的文明国家相比，中国人的思想与众不同。他们的语言表达模式促进了其语言的使用，而汉语表达模式会促进我们的语言吗？我们希望能够教给中国人这些思想，使他们偏离原有的轨道，能吸收更广阔的知识，了解新真理。正如语言是表达思想的工具，我们必须在这片未开发的土地上创造新的汉语词语，才能传播我们的思想。

那么，应该由谁来创造新的汉语词语？这些词语应该从何处借鉴呢？除了中国人，别无他选。只有中国人才能发明具有前景的新汉字，使得这些汉字能真正融入这个国家的文献中。如果这样的人出现，那么此人应该接受过外语媒介的教育，并由此获得了用以表达新词语的新知识，同时接受过良好的汉语教育。这样的人恰恰是我们学校所致力于培养的。如果年轻人受过这样的教育且达到这么多要求，还不能成功促进汉语的词语发展，那么恐怕没有其他什么人能够完成这件事。或许，随着中外交流逐渐增多，汉语可能增加一些外来语，但是这非常有限，外来语在中国的增加不会像用字母书写的国家那样迅速。事实是汉语和其他任何语言没有什么紧密联系。一丛荆棘灌木可能会接受一棵梨树的嫁接，但汉语这棵树几乎拒绝在其自身上嫁接任何东西。这棵树在自己的土壤中生长，由古老的树干伸展出枝条，但这种成长是有局限的，它既不能从内部向外扩展，也不能从外部向内扩展。这的确很奇怪，像这样一个大国采用了一种与外界不相融的文字体系，使得占世界人口三分之一的人为了图方便将其他两种语系拒之门外。汉语就是这样一种语言，其表音法和拼写体系只适合于自己民族使用。因此，中国人比较容易接受外国的发明和创新，但似乎不太易于借用外来语或制造新词。现在出现一些用来表达口语常用词汇的新汉字，有些政府官员或文人雅士偶尔在所使用的汉字基础上添加笔画而组合成新汉字，用来表达新事物，如以前广东巡抚签发的关于蝗虫的公告所为，其实当时这种蝗虫在广东并没有相关的书面语。但是，这些官方认可的字词很少被人们使用。我觉得表达当下中国流行的一些词语可能还有困难，因为这些词语在上个世纪或上上个世纪的汉语词典里是找不到的。在中国，人们的思想还不够活跃，对新事物不够好奇，很难跨越限定的樊篱。

我们的结论是，为了将中国人的思想从长期的冬眠中唤醒，并推动其寻求真理，向人类的最高追求迈进，我们必须寻找其他方式来影响民众。不过，首先要排除已经被中国的语言和文学所深深影响的群体。

马礼逊教育会选择以慈善作为准则，开始用英语和汉语教育中国的年轻人。现在，或许有人问，这种形式的慈善事业会带来什么好处呢？这会为个人和教育会带来各种好处。我在上面已经向大家描述了这些学生刚到学校接受我们管理时的情形。如果任其自由发展，那么他们会和先辈们一样，被最难和最不合群的语言所羁绊，步履维艰，故步自封。只要他们只讲自己的母语，他们的思想注定会受到限制，他们就不能向前迈出一步。如果让他们学习英语阅读、写作和演讲，那么他们的思想立刻得到解放。他们不会再禁锢在自己先前狭隘的知识里，而会去追求新知识。此外别无他法。如果我们要教导这些学生，我们就必须使用自己熟悉的语言，即我们在国内各学科学习所使用的语言。在学生们熟悉语言并取得进步的同时，他们的视野也会得到扩展。他们在掌握自我提高的一些手段和方法的同时，也会比自己的同胞们更加博学，更加优秀，这正是教育通常给学生们带来的荣誉。

如果在此之上加上全面智育及道德和宗教教育的话，正如我相信的那样，接受过这样的教育后，学生们如果还很世俗、自私、冷酷、胆怯、盲从、迷信、苦闷，还是毫无根据的希望和恐惧的受害者的话，那就真奇怪了！如果学生们还是对真理心存偏见，无法欣赏它的话，那就不正常了！他们将不会被剥夺只有爱书之人才能享受的个人及家庭藏书资源。他们因为能探究和思考而带来的吃惊和好奇的感受将成为快乐的源泉。未来，他们将适合从事更有利、更光荣的事业，我们可以期待，至少部分学生会成为有责任感的上帝的臣民。

我们可以简单地叙说马礼逊教育会的学生对其他人的影响，通过教育，他们变得更加勤奋、值得信任、活跃、有条不紊、快乐、有远见和节俭，教育将使他们成为教育会的有用成员。我们将会发现，我们中间出现这样一群年轻人对我们有很多好处，学生人数增加得越多越是这样。教育会是一个政治和道德组织，将从对学生的教育中受益，因为教育会教人以理智行事，而非热情冲动，从而使他们有序尊重合法的权威；当学生被委以重任的时候，教育能使他们胜任并行使权利，不断改进、发展文明。简言之，我们在这里可以收获与国内所有良好的教育体制下产生的同样的成果。可能有人又要问了，上面说的这些成果出现了吗？如果这些人提出的是合情合理的要求，而不是期望刚起步就要获得巨大的成就，那么我的回答是肯定的。我们可以看一下我们在这个学校里已经取得的进步。虽然学生们目前处于不同的发展阶段，但这与我刚才讲到的对他们的期望相符。我们不要忘记教育会的第一个学校，也是唯一的学校，是在 1839 年 11 月战火燃起时成立的；在澳门，学校录取了第一期班级的学生。这些学生在许多不利条件下完成了三年的教育；我们在能否留住学生这个问题上遇到许多困难，由于我们没有办法给他们足够时间受益，所以现在第一期班级只剩下一名学生还在学校就读。我们不要忘记，一直以来我们只有一名教师在为教育会教学，而这名教师需要教四个班级，最高年级的班级已经完成一半的课程。考虑到这些困难，如果有人问教育会的经费和努力到目前为止取得怎样的成果？那么我会肯定地回答，我们取得了让人满意的成果。我们可以这样说，在校就读时间最长的学生与刚开始来校时相比，已判若两人。从下面这个具体事例上可见他们思想的拓展。对于地球的认识，刚开始学生们认为地球是一个无边的平面，中国位于这个平面的正中间，是天空下最明亮、最美丽的地方；其他所有国家都在离中心很远的地方，离中心这片"鲜花盛开的土地"越远，得到的保佑就越少。太阳是地球的仆人，白天从东边的大洋升起，傍晚在西边的水域落下。该例说明这些学生所具有的基本知识、他们对大自然的一系列想法的错误。目前，这些错误观念已从学生们的脑海里消失，取而代之的是他们探索地理、历史、哲学、数学和艺术科目所获得的更多真相。他们原来阴郁的样子被活泼的、充满生机的表情所取代。他们沉睡的思想被唤醒，意识到自己所具有的能力。活动使他们更加喜爱反思和观察，而他们频繁主动发问，常常让人颇费脑筋，许多学生要打破砂锅问到底才会心满意足。他们不再以琢磨一些古怪念头作为精神食粮来品尝。学生感到自己只是才开始了解事物的真相，他们不会轻易放弃对知识的追求。当然，学生之间是有差别的，但是我们几乎在所有学生的身上都可以或多或少地看到这些特点。即便是 6 个月的教育，如果方式正确的话，也会产生一定的效果。

除了在智育方面的进步，许多学生在道德品质和习惯方面发生了更加令人欣慰的改变。从前他们的世界里是没有上帝的。现在他们知道有一个真实存在的上帝，而其他的神灵都是令人憎恶的。他们了解了创造人类的上帝的性情和意愿。他们的良知被唤起并大行其道。起初，学生们的道德感很难被觉察到，当然道德也不会调控他们的行为，很少学生身上会产生羞耻感或者悔过。对上帝及其条规的责任和敬畏之情是两条最高的道德原则，我相信，这些已经深深地刻在一些学生的心底。对所有的学生，我们都很少使用严厉的指责或惩罚。我想在其他地方很难再找到这样有序的、正派的、举止端正的学生。他们对学校的感情越来越深，对学校施惠的感激越来越明显。如果可以让我占用理事会更多时间的话，我想用经常在学校发生的事来对上面的概述加以佐证。我忍不住要提及一件事。去年，学校年龄最大的一个男孩利用课余时间赚了些钱，他用这笔钱帮了父亲不少忙。除此之外，他还给马礼逊教育会捐赠了 100 美元，用于学校的校舍修建。校舍旁的灰泥路就是用这笔钱铺设的。直到几天前捐赠公之于众时，我才弄清楚这件事的来龙去脉。这让我想起救世主的慈善准则："你的施舍不可炫耀。"我们希望，在教育会的帮助下，更多的学生能够像这位学生一样做一个诚实的、值得信任的基督徒。我希望该组织成为外国人在中国进行慈善事业的永久纪念。

新一届马礼逊教育会理事会 ①

名义赞助人：德庇士爵士

会长：裨治文牧师

副会长：坎佩尔（A. Campell）先生、唐纳德·麦地臣先生、菲尔波茨上校

财务主管：本斯（H. P. Burns）先生

秘书：奚礼尔先生

记录员：斯图尔特（J. Stewart）先生

审计员：约翰·登特先生（John Dent）、莫斯（W. H. Morss）先生

检查员：巴富尔先生

医生：哈兰德（W. A. Harland）医生、斯蒂德曼牧师（Rev. S. W. Steedman）。

---

① 此新一届马礼逊教育会理事会名单为《中国丛报》编辑部出版的单行本《马礼逊教育会年度报告》所载内容，《中国丛报》连载的本年度报告中无此名单。

第九章 马礼逊教育会1845年报告^①

马礼逊教育会第七次大会于1845年9月24日星期三下午五时，在香港维多利亚马礼逊教育会办公室举行。出席会议的人员有达吉恩（P. Dudgeon）先生、罗伯特·斯特罗恩（Robert Strachan）先生、杰·皮特（Geo Pett）先生、里斯先生、奚礼尔（C. B. Hillier）先生、马理生（M. C. Morrison）先生、W. M. 尼科（W. M. Nicol）先生、琼·凯恩斯（John Cairns）先生、萧德锐（Andrew Shortrede）先生、海兰（T. Hyland）先生、英格利斯先生、布鲁克斯邦（I. Brooksbank）先生、邦尼（S. W. Bonney）先生、格林上校、香港兵站总监米勒（Miller）先生、伯顿（Burton）上尉、托德（Tod）上尉、金尼斯（Kinnis）医生、迪尔医生、史丹顿牧师、布朗先生、斯泰迪曼（Steidman）先生、胡德迈（Hudson）先生、耶伦（Jarrom）先生、理雅各博士和裨治文博士。

教育会主席裨治文博士主持会议。他说没有必要花时间具体说明教育会的目标和运作细节，因为理事会将在准备好并提交给大会的报告中充分介绍。裨治文博士对有些人员未能出席大会的情况进行简单的解释之后，请理事会做报告，报告附在

① 译自《中国丛报》1845年10月第14卷第10期第465—484页：马礼逊教育会第七份年度报告，附第七次会议记录。

会议记录后。

接下来，财务主管汇报财务状况。报告表明教育会还有部分结余的款项。报告后附有一份财务报表。以下列出的是教育会提出并采纳的决议。

1. 史丹顿牧师提议，凯恩斯先生附议

决议：提议并接受理事会刚刚阅读的报告，包括布朗先生的报告，并由理事会负责出版这些报告。

2. 达吉恩先生提议，罗伯特·斯特罗恩先生附议

决议：教育会会员及在座人员对布朗先生致力于学校课程和教学的过程感到很满意，并向布朗先生表示感谢。

3. 史丹顿牧师提议，奚礼尔先生附议

决议：教育会评估，八年期限对于该校的全程学习来说并不算长。另外，目前所使用的布朗先生的教学方法能保证学生家长对教学效果满意，兹对此加以确定。

4. 皮特先生提出动议，海兰先生附议

决议：理事会任命检查委员会。该委员会不少于三名成员，他们的责任是对学校进行每月一次检查，并做出完整记录以便理事会使用。

5. 罗伯特·斯特罗恩先生提议，凯恩斯先生附议

决议：教育会非常需要扩建房屋，以便能够容纳至少现在学生两倍的人数。我们将为此建立一个单独的捐款渠道，只要达到必要条件，便授权理事会继续建设校舍。

接下来大会简单评论了这几个决议及其被采纳的理由。在有关扩建的问题上，大会指出：随着住宿人数增加到现在的两

倍，扩建可以让所有学生受到教育而教育会又无须增加很大的年度开销；教授 70 个学生和 35 个学生一样，不需要增加课程；由于两位教师的长期合约已经安排好，他们完全可以教授和照顾更多的学生。

会议接下来选举下一年理事会的审计委员会。然后，和以往的会议流程一样，茶歇后学生被立即带过来进行测试。

7 点 30 分，学生们按序坐下来。学生面前汇集的先生和女士们即将亲眼见证他们的表现。测试开场，学校全体学生齐唱"周年赞美诗"（Anniversary Hymn），布朗先生和大家一起诵唱撒拉弗（seraphim）及接下来的曲目。

第四期班级的学生被最先叫上台，这期班级是由学校最年轻的成员组成，或者说他们在学校的受教育时间最短。

他们规规矩矩地朗读《新约圣经》，发音很清楚。最值得表扬的是，他们非常流利地将口语词语和短语进行英译汉与汉译英，而且在黑板上写出来。第三期班级学生在大家面前唱歌，之后展示与前面一期学生相似的课程，但是他们表现得更加迅速，尤其是在黑板上练习和心算的时候。

接下来，学生们兴致勃勃地加入最喜欢的歌唱练习中，和着"告诉我那些日子"（Tell me the days）的调子。

由于时间关系，第二期和第一期班级学生只在黑板上匆匆地测验了算术、地理和即兴作文。在两期班级学生测试的中间穿插了一轮歌曲"让我们唱起夜晚的歌，欢快的音符将回荡流长"（Let us chant the evening song, and the joyous notes prolong）。大家兴致高昂地唱着这首歌，学生们歌唱的风范与世界上任何学校相比都是值得高度称赞的。

在 9 点 30 分，晚间练习在"让我们结束这美妙的音乐时刻"（Let us close the tuneful hour）的歌声中结束。

马礼逊教育会第七次年度报告

教育会自建立以来取得持续增多的成果。最初教育会是几个人发起的尝试性事业，并没有多少资金。因此，目前取得的成功非常令人满意，极大地鼓舞着我们在中国人中更广泛地推广教育。的确，不论从哪个角度来看，所有的情况及相关的考虑，都清楚地表明我们应在这项有益而重要的工作上投入更多热情，并将其规模扩大。

与往届报告一样，马礼逊教育会的理事们同样希望在提交的第七次报告中，赞赏上帝的恩赐与在华外国人对教育会的不懈支持，希望在此记录他们的谢意和感恩！

由于我们在座的一些人和许多在中国居住的人对教育会的历史不太了解，所以有必要向大家简单概括一下教育会的发展情况、教育会的目标以及达成目标的方式和方法。

马礼逊教育会的目标是为了教育中国的年轻人走上正确的道路，或者用我们的宗旨来说，"通过学校及其他方式在中国发展和促进教育"。这样的目标无须人们的嘉奖。依据基督教博爱的教义，它需要的是得到所有善良的人们的认可和支持，而这些人将非常高兴地看到我们会最大限度地实现该目标。

上帝的旨意有时让人难以理解。建立这个教育会的直接原因是纪念在英国东印度公司驻中国办事处担任译员多年的马礼逊先生。马礼逊先生的朋友们对他的福利事业及劳动成果非常感兴趣，他们希望建立该机构来纪念马礼逊先生，表达他们的怀念和感激之情，同时使马礼逊先生多年的工作延续下去。因此这个机构被命名为马礼逊教育会。马礼逊博士于 1834 年 8 月 2 日去世，马礼逊教育会简章起草于 1835 年 2 月 26 日。1836 年 11 月 9 日，教育会在广州成立。颠地先生被任命为教育会会长；科克斯先生被任命为副会长；查顿先生被任命为财务主管；裨治文先生为通信秘书；马儒翰先生为记录秘书；卫三畏先生以及林赛先生为审计员。那时捐款总额近 6000 美元，捐款名单包括几乎所有当时在华居住的外国人，图书馆收集到约 1500 册书籍。

理事会开始展开工作时便立即采取措施，考虑聘请两位教师，一位来自美国，一位来自英国。同时，理事们着手调查清楚中国的教育情况，他们的主要目的是在中国建立一所学校。在学校中，中国的年轻人应该学会阅读英语并用英语写作，同时能与自己的母语联系起来。通过这些方式，尽力让他们接受所有必备的教育，"使得这些年轻人成为聪明、勤奋和善良的教育会成员，让他们能够适应各自在生活中的身份，出色地完成对自己、对家族、对上帝的责任"。

我们思考一下，不难对比今昔外国人在中国的地位，也不难发现对中国人开展教育后我们所获得的好处。随着与中国人的交流不断扩展和进步，这种好处会更明显。在不久的将来，与我们进行普通交流的会是受过更高、更好教育的阶层，申请来我们学校就读的将是能够并愿意支付教育费用的学生家庭。

我们起初十分重视教育的方式和达到的程度；因此，我们很早便决定聘用优秀教师并采取相应的措施。

理事会在第一次报告中提及保证师资力量的做法，其后理事们对此评论道：

他（教师）一到学校便要立即进行中文学习，我们认为这必须成为教师的主要关注目标，而且将占用他四五年里的几乎大部分时间。教师很可能一来到学校就要照管一些学生。学校非常需要教师用汉语对学生进行口头指导，并编写中文启蒙教材，现在还没有此类教材。为了实现这个目标，教育会将需要培训一批本地教师。这个任务既重要又有挑战性，我们需要最好的精通此道的外国老师来完成这项任务。没有这些人的帮助，在中国扩展或发展教育是非常困难的。

在理事会的第二次报告中，他们又强调这件事：

拥有优秀教师的重要性必须留意并牢记在心，这个主题需要反复强调，直到大家能够更深刻地理解，这是我们工作的重心。归根结底，教师必须是本土人士，他们对自己的语言以及风俗习惯有着充分的认识，了解科学的主要原理，熟悉现代进步。教育会付出努力是值得的，因为它虽然只是教育一些独立的个体，让他们过上平常人的生活，但是当接受我们资助和教育的学生们成为教师，再培训更多的人，使其同样从事教育行业时，我们所给予教育的价值就会极大提升。通过稳步实行这种方法，教育的影响范围会不断扩大；支持的方式和持续性也会从自身同样的操作方式中产生。这在迄今为止在华外国人建立的学校中还没有形成趋势。

中国人受教育的水平很低，教育普遍开展得不完善。而马礼逊教育会预计的规划并不在于改变这些。他们认为把少数人教育好比给更多的人不完美的教育要好得多。第一次和第二次报告表明，理事会很注意钱财的开销，除非这些开销能带来永久的好处，他们才会考虑支出。1838 年 10 月，理事会的账户上有 7000 多美元，他们只在学校教育方面开支了一小笔钱。因为他们无法控制学校对于学生的教育过程，这过程既没有他们希望的那么全面，也不如他们期待的那么广泛。

我们成功地从美国申请到一位教师。布朗先生于 1839 年 2 月 23 日到达中国，同来的还有布朗夫人，他们受到大家的热烈欢迎。此后不久，整个广东的外国居民社区都被关闭，甚至与澳门的联系也中断了。那时，布朗先生继续进行准备工作，这与理事会所期望的完全一致。同年 11 月，他接管由 6 名男孩子组成的班级；第二年 3 月，班里增加 5 名学生，11 月份，增加 1 名；到 1841 年 1 月，这个班又增加 1 名学生。

这就是第三次教育会大会列出的名单中的 13 名学生，此次大会于 1841 年 9 月在布朗先生澳门的居所举行。

颠地先生主持此次大会，那是布朗夫妇到达中国之后教育会会员第一次聚会。颠地先生借机发表赞誉言辞并提到他所称赞的品性。在此，我们重温颠地先生当时的话，"布朗先生在夫人陪同下离开美国来到这里，虽然在这个公共会议上讲这些未免有些琐碎，但我认为自己有责任告诉大家布朗夫人参与学校活动带来的好处。她和自己的丈夫一样投身于这项崇高的事业中，并在各个方面与丈夫通力合作，以确保事业的成功。他们在学生面前树立了一个日常的榜样，这是最重要的，他们所展示的家庭美德与幸福不可能不对学生自己的社交习惯产生有益影响"。

由于中国政府的排外性，教育会在广州建立学校的想法受到阻挠。澳门也遇到同样的情况和其他操作上的原因，因而在澳门建立学校同样不合适。这些情况使理事会不得不于 1842 年初在香港岛寻找建校的地址。英国女王全权特使璞鼎查先生热情地接受了理事会的申请，并将此座山①给教育会建校使用。最初商定用 3000 美元来建校。（1842 年）8 月 5 日，在确定建校位置和合同后，学校建设正式开工。11 月 1 日，布朗先生与部分学生从澳门搬迁到这里，其他学生和布朗夫人随后一起搬了过来。

搬到这里之后，过了 6 个月，房屋才建造完毕，学校的教学工作得以继续进行。1843 年 9 月发布的第五份年度报告列出居住在搬迁校舍的 24 名学员的名单，以及学校对教育会的 250 美元欠款。

在筹备工作中，我们取得许多进步，又争取到一名教师，建立了宽敞的校舍，为图书馆收集了图书并将学校井然有序地

---

① 马礼逊山，又译为摩利臣山。

组织起来。

从此，学校稳定地快速发展，几个班级稳步提高，所有这些与我们教育会最热心的朋友们所期望的一致。

我们应该在这里提一下，在从英国申请教师的计划失败后，1842年4月，理事会又向美国申请了一名教师，后来我们得到回复，一位男士被指派明年初来到我们学校。这名教师到岗前，他的职位由邦尼先生（Mr. Bonneg）担任。

我们不再耽搁大家的时间，下面请布朗先生做报告，这份报告将介绍学校在1844年教育会周年庆典以来12个月的情况，我们相信布朗先生的报告会得到理事会和教育会其他成员的一致热情称赞。

布朗校长致马礼逊教育会理事会

先生们：

我自己觉得在此给大家呈现去年的学校年度报告有些尴尬，不是因为这份报告需要添枝加叶，让大家对教育会的成绩和现状产生良好印象，而是我觉得自己以报告人的身份来汇报本人投入教育会的管理工作很不妥。在我所接触的所有此类教育机构中，我了解到，没有其他机构总是让教师和主管来撰写学校的年度报告。我经常这样想来安慰自己：考虑到中国的情况很特殊，这种做法在中国比在世界其他地方更合理。迄今为止，我们很难从附近社区选出人员来确保检查和报告委员会开展工作，因为我们附近的社区小，人们很忙碌，人口变化大。为了学校，我需要每年准备一份情况报告，你们毫不犹豫地采纳了我的见解，并给我带来了信心，所以对于向你们做此汇报我感到更加欣慰。不过，我还是觉得，如果能够闻听与学校联系不太紧密的人士所作的报告，就更合适了。我一直觉得这会令我们的听众更满意。

据我所知，很少有人对学校的运行和进展的细节感兴趣，因此让不从事教育行业的人听得懂相关话题有些困难，而选择其他主题则比较容易，因为其中有更多插曲和新奇的事情。

充分展示我们在学校所做工作的最好方式是用足够的时间来考察学生，展示我们开展教学和训练的方法以及学生的成就。我们应成立一个委员会来负责此事，委员会和其他更多人应该参与考核，测试学生的进步和提高。测试之后，委员会应该公布考核报告。这样，公众便会了解这个机构的价值。当教育会申请金钱方面的支持时，公众会毫不犹豫地满足教育会的需要。

如果这样的措施被采纳，我再高兴不过了。与中国当前教育情况下所有的学校一样，马礼逊教育会只不过是一所简单而质朴的初级学校。与其他学校一样，教育会从最低文化水平的年轻人开始教育，并不断努力提高学生的层次。教育会并不是要创造奇迹，而承认必须利用循序渐进的机制，正是这种机制开启了我们对知识的探求。教育会并不能即刻将这些孩子培养成博学的人，而是要遵循我们的自然法则，即所有人类的进步都是渐进发展的。我们在教育道路上坚定和勤奋地逐步提升学生的思想，当我们的所为公布于众时，我们无须害怕。我们可以从容地邀请所有对此关心的人来学校调查我们的耕耘与付出。如果我们能够在合适的地方和时机向他们展示辛勤教育的成果，就能满足这些有洞察力的人的要求。

在过去一年，学校的教师比以前充足。如果教师没有变动的话，会带来更多好处。让不懂汉语、不习惯教中国孩子的教师在学校对自己和学生最大限度地发挥其价值，这需要花费很长时间。教师的经验越多，他的工作带给自己的满足感就越大，带给学生的好处就越多。从11月到下一年4月，第二期和第四期班级由哈巴安德（A. P. Happer）牧师指导。从4月1日到现在，这两期班级一直由邦尼先生教授。学生们被分成两部分，这样我们两个人都可以照看半数，邦尼先生负责第二期和第四期班级，我负责第一期和第三期班级，两部分学生分别在不同的教室上课。

我相信下面的内容一定会让在座的各位感到满意：中国人将孩子送到我们学校接受外国教师教导，他们对我们越来越有信心。在迄今向大家做的每份报告中，我觉得惭愧，但又不得不告诉大家：有一个或几个学生离开了我们的学校，这并不是学校所希望的，通常都是他们父母干涉的结果。在这个问题上，回顾1839年10月1日建校以来到现在的发展历程，非常令人鼓舞。从1839年到1843年10月1日，共42名学生与学校有联系，其中9名，占总数近五分之一的学生是因为父母的干涉而离开学校。从1843年到1844年，34名学员中只有2名离开，占十七分之一。而今年甚至没有一例这样的情况。这些中国家长已经相信把孩子送到这里读书会给孩子带来最切实的好处。而过去的情况并非这样。当学校刚建立的时候，很少有人把自己的孩子送过来，甚至像一些人告诉我的那样，家长即使送孩子到这里上学，也会对后果再三权衡。把孩子送到学校读书的第一个家长说："我不理解，为什么外国人会为我的孩子提供食宿和教育，而一分钱也不收呢？我们刚开始感觉这里一定隐藏着阴险的动机，有可能是想把孩子们从父母和中国诱骗走，然后慢慢地把他们送到外国去。"不管怎样，这对家长来说都像谜一样难以理解。然而，这个家长在几个星期以前对我说："现在我懂了。我让三个儿子陆续来这里学习，自从入学以来，他们没有受到任何伤害。我的大儿子现在已成为一名合格的译员，为大众服务。另外两个儿子都没有走入歧途。我起初对你们教授的宗教知识心有余悸，但现在宗教使孩子们变得更友善了。虽然我们国家的传统禁止我信仰该宗教，但我个人相信它的真实性。我现在没有任何担忧了。你们的辛勤劳动并不是为了自己，而是为了他人。现在我完全理解了。"①

在学校待的时间最长并享受学校教育好处的孩子家长对我们都怀有感激之情，上述只是其中一个例子。因此，去年没有学生因亲戚朋友的干涉而离开学校。上次年会统计的 30 名学生，现在仍然就读于我们学校。

自从接管这个学校以来，这是我第一次有必要向大家汇报学生不幸去世的情况。过去三个月，我们失去了两名学生。第一个去世的学生已入学近半年，他主要是帮助中文教师检查低年级学生的背诵，为此他得到衣服和英语学习作为报酬。他因心脏病去世。另外一个学生突然得了严重的驰张热，患病六天

---

① 这名家长是珠海唐家湾的唐宝臣，他的三个儿子分别是亚植、亚枢、亚富。

后就去世了。

我经历了有关第二个去世学生的一件小事，此事可以证实我所说的学生家长对我们的信任。这位学生的父亲听说儿子的病情后赶来学校，但是为时已晚。当他到达学校时，我们正准备埋葬他儿子的遗体，这是他的独生子。这突如其来的打击自然使得这位父亲极度痛苦，但他还在担心这个消息给孩子的母亲带来的悲痛。葬礼结束后，我见到孩子的父亲，与他谈起这件事。让我惊讶的是，他并没有抱怨学校的医疗服务和其他方面，而是向我们表达了谢意，感谢学校给予他儿子体贴、殷勤的照顾。他曾经希望孩子将来成为有用之才，正因如此他才把儿子送到我们学校。但是，现在他的家族要绝后了。我给他看了他儿子的一些绘画作品，绘画是他儿子特别喜欢的一项消遣活动。看到儿子展示出的技能，他的眼泪喷涌而出。他说："别给我看这些。太伤心了，我现在已经说不出话来。我知道你们给予我的儿子很多帮助。而现在你们所有的努力都付诸东流，我为此感到惋惜。"我使他相信，我们并不认为我们的努力都白费了。他的儿子曾经是个非常用功、懂事的学生，很受老师和同学们的尊重。我们教育他信奉真实的上帝，救赎的方法，这对他可能有永久的好处。谁知道呢？当这位老人要离开的时候，他回过身对我说，万一他再领养另一个男孩，我是否可以接收他的养子为学生。我看到这位父亲对我们如此信任，当然给他肯定的回答，并且向他保证，哪怕学校可能已满员，我们都会接收他的养子，希望他的养子使用过世儿子的名字，我们会录取他并尽可能给予他最好的照顾。

去年 9 月在学校就读的一名学生被派送到上海，他的任务是接替英国驻上海使馆另一个人的工作，那个人在英国领事馆工作了一年半。该生现在已经回校继续学习。这位学生回校时带来使馆巴富尔上校的一封信，巴富尔上校在信中对该学生在公共服务方面的表现十分赞赏。这位学生于 1843 年 10 月被派送到使馆以来，给予巴富尔上校许多帮助，为此巴富尔上校向马礼逊教育会表示感谢。我私下了解到，另外一个同期去上海使馆工作的学生已经离开使馆，被当地中国海关录用。我觉得自己有责任澄清，这位学生不应该算作我们学校的学生。他在新加坡接受教育，之前的新加坡教师把他推荐给我，于是我把他招录到我们学校，他在学校待了大约五个月便跟着英国领事巴富尔上校去了上海。由于他在学校受教育的时间比其他学生都要长，所以我们当时认为，把他和第一个去做公共服务的学生一同派送到上海是明智的决定。当然，与那些我认识比较久的学生相比，我对这位学生并没有太大的信心。如果他何时做了什么不光彩的事情（我希望这样的事情永远都不要发生），我认为这种耻辱不应该算在教育会的头上，因为他在学校只有五个月，而之前他曾经在其他地方接受过七年的教育。

我相信去年 2 月派到上海领事馆的那位学生不会让我们失望。他以前是马儒翰先生的门生，先生的美德给他带来深刻的影响。该生将名声和爱视为对恩人的纪念。我们从他身上可以看到他的品性在不断提升，他在出发前郑重地向我保证自己会努力，所以我期望他能做得很好。与他同船去上海的一位绅士说起他："那个学生到哪里都能和人打成一片。"在漫长而时常伴有暴风雨的旅途上，这位学生赢得了船上乘客们的尊重。据说他在领事馆的工作很出色，做事有效率。

我们把在座的学生分成四个班，他们用一半时间学习汉语，一半时间学习英语。第一期最高年级的班里有六个学生，年龄在 16 岁至 19 岁，他们的平均学龄是五年。这期班级的学生今年学习了地图、算术、力学、阅读、写作、作文和声乐。我们将这些科目分开进行，每周上两次。学生们每天都有阅读和写作练习。在过去大约四个月里，我们每天上午都会用半小时或更多的时间来学习音乐。每天早晨，所有学生首先读《圣经》。第一期和第三期的学生通过每天晨读已读完《摩西》和《新约全书》的部分内容。在阅读过程中，教师会进行简单解释或者偶尔评论，有时候会问学生需要注意的有关历史寓意和宗教的问题。我们希望通过这样的方式，学生们能够更好地了解《圣经》，同时通过熟读经文使学生对《圣经》留下深刻的好印象。

下面我以第一期学生为例，简单说一下上面列举的科目是如何进行的。在学习地图时，我观察到学生们需要在写字板或黑板上画出国家的轮廓、河流、山川、城市及其他主要特征。有时候，我从学生画图的能力可以看出他们对地球的主要地理特征非常熟悉。

学生已经学习过科尔伯恩编纂的《算术续篇》。学生在算术上的熟练程度将在考试中最好地体现出来，我凭观察认为，他们能够向大家证明自己对这个学科的原理已经有了全面掌握。我们外国人的普遍印象是：中国人在学习算术上特别聪明，他们的计算都很准确，而且能够熟练地使用算盘，用算盘计算在中国很普遍。然而，我从没有发现这些学生在学习中提问，这或许是因为大部分中国人不喜欢通过提问来学习的方式。在学校开展的各学科教学过程中，我发现人们同样存在才能和能力上的差异。

第一期班级去年开始学习初级力学，现在已经学完这门课程并且复习过了。学生对这门课程非常感兴趣，并努力去掌握它。然而，由于缺乏对几何知识的了解，有些学生在理解这门科学上要慢些。但是，我们使用的教材让班里所有的学生都受益匪浅，为他们将来的学习做好一定准备，以后当他们学习更高级的力学知识时，他们就有能力探索深奥的力学问题和定理，从中受益并获得快乐。

在阅读课上，我们通过练习引导学生去分析语句和观点，无须使用术语和正式的规则，尽可能让学生们体会作者所表达的意思，了解英语所特有的构建原则。古德里奇的《第三读者》（*Third Reader*）是学生们使用的主要课本。写作上，他们使用我在上次报告中提到的福斯特牌（Foster）字帖。

我们或许需要提到教授英语写作过程中所使用的方法。众所周知，一个人想写好文章，不仅需要广博的知识，还需要很好的智力训练；而简练的主题被公认是最难的。姑且不说修辞的准确和优美，能够有逻辑地讨论一个主题，这恐怕是国内学生在学习母语时最难做到的，而这对于学习一门外语来说就更难了！因此，我们很少给学生布置主题来写。相反，我们让第一期班级的学生用所给的单词和词组造句并写段落。相比之下，没有什么比这更能检测出一个人对习语的理解。当我们进一步训练学生写作时，要求他们填写故意删去的词语——在不改变句意的情况下以不同的方式安排一个或多个句子。我们教给学生多样的表达，如何用一个连词代替一个分词，如何将一个动词从主动变为被动或从被动变为主动，如何进行同义词替换。我们布置学生描述物品，从而培养他们仔细观察和准确描述等习惯。在极少数的情况下，我们允许学生选择主题写作。学生们在写字板或黑板上完成所有这些练习。在黑板上做练习时，每个人的作品都会成为其他班级学生的评论对象，这种方式明显比在写字板上练习更有帮助。

今年我们开设了声乐课。所有学生每天都要集合一次，花半个小时或更长时间唱歌，这样的声乐课已经进行约四个月。我开始非常希望将音乐引入学校，由于只有我一人在教学，这个愿望无法付诸行动。四个班级的教学任务，以及其他与学校有关的事情，使得我没有时间和精力来教学生音乐。但是，自从邦尼先生去年4月来学校之后，我就着手教学生们唱歌了。一些学生之前死记硬背学会了一些普通曲调。然而，多数人从没有接触过外国的曲调。从教他们唱歌的第一天开始，我便发现学生们在其他功课学习上的主动性和兴趣增加了。他们很喜欢唱歌练习，唱歌结束后大家身心轻松愉悦，重新振作，继续其他学习。"音乐是一门艺术，一门可以让人放松急躁的情绪而愉悦心情的艺术，它可以将身体的功能发挥到最佳状态，以促进听者出色地完成任务。音乐是一门艺术，一门可以让人们感受到奉献的温暖，并给人们带来愉悦和鼓舞的艺术，它确实值得加以培养。"如果早些提供音乐方面的训练，那么任何人都能够具有这样的能力；有音乐偏好的学生很快就可以教其他学生学习音乐。音乐在基督教国家的学校里是那么悦人心意，为什么不可以给这里带来更多快乐？德国的学校很早就普遍将音乐作为教育的分支；虽然在英国和美国，人们之后才发现音乐的用途，但现在音乐在这些国家得到一致认可。我充满信心地教中国学生读乐谱、唱歌，我通过努力去尝试，果然没有让我失望。虽然在学生中很容易发现走调的情况，但我相信，即便唱歌走调的学生也能够学会唱歌。每次音乐课都需要学校的全体学生参加，在集合唱歌的时间可以看到学生们加快步伐，面带笑容，这让我感到欣慰。他们从一两首轮唱曲和学校歌曲开始学起，练习发声，同时学习初级的音乐知识。起初，有些人觉得很难区分全音和半音，最终几乎所有学生都能够分清。学生们在逐步学习读乐谱的过程中不断进步，直到现在约一半的学生能够识读一个调式的音符，有的还会识读多个调式的音符。不过，目前我们还没有教学生变调的方法。我们清楚和弦是什么，可是中国人不了解。学习和弦最好的方法是从齐唱学起。我们的学生目前可以用三个声部唱好几首曲子，准确度说得过去。我相信再用一年时间可以把学生们不悦耳的声音提升为和谐的合唱。且不说音乐练习对学生其他方面的帮助，音乐首先有助于学生们变得更加彬彬有礼，其效果胜过我们能做的任何其他事情。

第二期班级规模比较小，只有 4 名学生，其中一名学生留校任教，这不是因其有望成为一名学者，而是因其性情和蔼，非常好学。当邦尼先生接管这个班级时，他们正在学算术、地理、写作和阅读等课程。教师的最主要目标是尽可能教给学生广泛的英语知识并使其学会运用，要求学生用英语说话和写作。只要可行，我们禁止学生在课堂上使用自己的母语，而是要求他们用英语对话。除非他们需要解释说明的时候，才会求助于母语。邦尼先生先花费很大的气力来教这期学生用英语写作。写作课的教学和上一期班级相似，学生在写作上取得巨大进步，比去年更加熟练。同写作课一样，阅读课的效果明显。在地理课上，学生们读完一本 264 页 12 开本的地理书；同时他们绘制了几幅地图，这有助于他们练习绘图技巧，也极大地加深了他们对世界地图的轮廓的熟悉程度。在算术课上，他们做了 860 道分数的加减乘除题。对于语法，虽然每个阅读和写作练习及其涉及的语法方面的术语很少，但是从严格意义上来讲，它们都属于语法课；此外，学生们还进行了大量规则动词的练习。这期班级已经在校学习三年半了。

第三期班级由 10 名学生组成，年龄从 9 岁到 16 岁不等，已经在学校学习了两年或两年多。由于他们的入学时间不同，所以他们在校的平均时间应该是约两年。在我接受这项教学工作之前，这期班级的学生没有得到太多重视。诚然，所有的学生或多或少都没有得到足够的重视，因为我独自一个人不可能有足够的时间来关注四个班级中的某个学生，而如果将四个班级合并起来，人数又太多。今年第三期班主要学习了阅读，在黑板上写字，将汉语习语翻译成英语，以及心算。他们在读《圣经》时，发音清楚明了，有时他们会阅读其他书。我要求学生背诵一千多条英汉双语的习语，这样做是为了让学生能够使用英语交流，也让他们理解英语常用会话甚至标准英语作品中特有的英语措辞。这些措辞往往违反语法规则，学生们只有通过死记硬背才能真正掌握，如同我们记忆单个的词一样。分析习语并不会给学生的理解带来任何帮助，学习习语的最好方式就是整体学习，不要尝试去分析。通过这种方法，学生的英语在整体上取得了实质的进步，同时他们能将英语的习语与相对的中文联系在一起。心算这门课并未深入地展开，学生们只学习了加法、减法和乘法运算。不过，当评判这些学生取得的进步时，大家不要忘记当他们刚入学时，对他们来讲所有东西都是新的，即便是授课用的语言，他们也要从头学起。因此，在每门课程的学习过程中，不论是地理、算术、阅读，还是其他课程，他们的进步在某段时间很可能是缓慢的，至少在前四年，每门课的学习都要服从教授英语的目的。一个英国小孩在离开幼儿园之前已经能理解并使用最常用的英语表达，这对中国学生来讲常常是不可逾越的坎儿，一定要老师帮助解释后学生才能理解。在座各位了解了这些，我相信一会儿学生向大家展示学习成果的时候，才可以酌情宽待。

第四期班级只有 10 名学生，年龄从 9 岁到 15 岁不等，他们已入学一年。当然，这批学生学习的时间和程度都很有限，是最初级的。我们对这个班级最主要的目标是给他们介绍最基础的英语。他们不但要学习字母表，也要从最简单的单词学起。由于他们的发音器官完全不习惯我们表达意思时使用的声音组合，要让多数人熟悉哪怕单音节的发音，我们都不得不对他们进行大量的辅导练习。他们用几个星期练习生僻词语的发音，之后便开始学习读单音节。当学生们学会包含各种字母组合的足够单音节后，他们开始通过分析以及把字母拆分成元素的方式学习字母。下一步就是将两个或者以上的单词合并在一起，然后造句。在世界所有的语言中，恐怕没有哪两种语言的构成像英语和汉语那样存在这么大的差别。为了便于学生学习英语动词的各种变形，一段时间前，我准备了一些材料，虽然只打印出来一部分，但还是装订在一起，以便学生使用。如果可以把如此装订的材料叫作书的话，那么我们已经将这本书作为教材给第四期班级的学生使用了一段时间。学生记住了前20页，复习好几遍并用铅笔抄写下来，包括常用的物品名称、最简单的动词形式、祈使句、存在动词与单复数主语的关系以及及物动词和不及物动词的区别。在此基础上，他们练习把比较简单的汉语词语和句子翻译成英语。这些学生接触了心算，虽然还不多。除了一些青少年初级读物，他们还阅读了两遍《约翰福音》（*Gospel of John*）。在所有的班级中，这期学生之间的年龄和智力的差距恐怕是最明显的，这也使得他们取得的进步参差不齐。

我们已经向大家展示了向学生传授《圣经》知识所做的一些努力，但是，学生们的宗教和道德品质教育不仅局限在教室里。我们指导学生观察主日（星期日）。当天早晨，他们集合，我们用中英文讲解部分《圣经》，能够把英语读得足够好的学生要背诵《圣经》，英语水平不够好的则要背诵中文《圣经》，晚上我们则听他们用中英文背诵《圣经》。在进行教学活动时，伴随着祷告和宗教音乐。在宗教学习上，我们布置给学生的作业通常都非常少，这样他们就不会觉得宗教学习是我们强加于他们的，觉得宗教学习是一件苦差事，而会觉得"安息日"（Sabbath，星期日）是个"快乐的日子"。在星期日，学生们得空从学校的青少年图书馆选择其他书来读。晚上，学生有时来找我们交谈或听我们读书，他们经常来唱歌。不论是正式的教学，还是偶然发表的言论，不论是课堂上，还是课堂外，我们尽力让在校就读的学生记住我们的关爱，承担自己的责任，对自己同胞的责任以及对上帝的责任。我们认为，这是教师承担的最严肃的职责。如果我们没有不断地灌输构成基督教精神基础的崇高而纯洁的原则，我们就不敢指望这些学生从异教徒变成善良聪慧的人。因此，我们尽可能为学生提供高层次的教育，而且从始至终贯穿着基督教的史实和教义。

如果问我学校采用什么教学体制，我只能通过描述来回答这个问题。我们的教学体制既不是导师制或实物教学法，也不是近年来流行的注重普通教育的利益而被冠以具体名称的教学体制。我们的体制拥有其他体制的一些特征，又有所不同。它的基本原则是：一次只教一个学习点；进度不能超过学生的接受程度；目标是训练学生的头脑，而不仅是给他们传授一些信息——坚持以高尚的动机激励学生，而不只是以唯利是图的想法来应对世界——最重要的是时刻教导学生，让他们认识到自己生来就拥有高贵的出身，高尚的心灵，这样最后才会在上帝那里得到安息。不论我们采用什么权宜之计，只要能够保证有效地运用这些基本信条，不管什么教育体制，我们都会毫不犹豫地采用。

　　还有一两件事值得在这次报告里提一下。首先是图书馆。在各位的指导下，我已经重新布置图书馆，那些不适合保留的或者重复的书籍已经被搬走，另外我发布了一份留用图书的目录。现在我们共有4142册书，包括有关语言、圣经、文学、理学、法学、艺术、科学、地理、历史、航海和旅行的各种著作，以及大量有关中国和东方的书籍。图书馆永远是学校的宝贵组成部分，它可以为在校工作的教师提供帮助，而随着学生的年龄和教育程度的增长，图书馆还会在他们求知过程中发挥作用。同时，我希望我们能够努力确保有足够的募捐者为图书馆捐款，满足图书馆运行的资金需求而减少教育会的开销。

　　我希望另外一件事情能够引起理事会的注意，即有关学生在校学习期限的问题。1839年学校成立时，我要求送孩子来学校就读的父母们签订一个书面协议，即他们的孩子需要在学校待8年。教过中国学生的教师抱怨学生们往往学了一点儿英语后就会被带走，为此我们要求签订协议，其目的之一就是为了防止此类事情再次发生。当然这样做还有其他目的。起初，很难说服家长们与我们签订这样的协议。现在，很少有家长反对签协议，比起我们在澳门建立时，现在签订协议真是容易多了。我认为理事会至少默许了签订协议的措施，因为我们多次提到此事，理事会并未表示异议。另外，在座的理事们去年秋天参加了一个大会，指示我给在华外国人社区提供一份申请我们学校的学生名单，以便各方可以妥善地处理学籍期满学生的学费问题。此后，有些人向我提出申请，想让我们学校的学生去他们那里工作，其实此前有人提出过同样的要求。根据我们的教学宗旨，我给他们的答复是：理事会认为学生在学校接受良好的教育非常重要，考虑到学生们达到这个目标还需要克服很多困难，理事会决定只有在学生完成上述协议中的学习年限后才可以离开学校。与此同时，理事会指示我保留一份申请人的名单，作为日后毕业班学生的去向指南。

在我看来，关于学生在校学习的期限事宜，教育会是时候制定规章并将其决定公之于众了。我从开始接收学生便采用这种方式，诸位清楚可见我个人对此的观点。我现在的看法仍未改变，与 1839 年一样。原因简述如下：当教育会开始办教育的时候，我们首先提出教育那些缺乏有用知识的人。他们普遍都很年轻，平均年龄不超过 10 岁或者 12 岁，然而，这些孩子已经学了很多明显不好的东西，而这些糟粕必须摒弃。除了使用英语作为媒介，我们没有其他的办法来训练、扩展和充实他们的头脑，因此，学生必须用一定的时间来学习英语。同时，学生们还要学习汉语和中国文学，否则即便他们受过教育也不会成为有用之才。因此，除了教授和训练学生必要的知识以适应现实生活外，我们还教他们通往天堂的路，要求他们学习两门语言，英语和汉语。所以，如果我们让学生在学校接受 8 年的教育，那么他们一般会在 18 岁到 20 岁完成学业，在英语和汉语的学习上各用 4 年时间。缩短学校的教育期限，同时期望他们能够掌握流利的英语和汉语，这无异于我们在春天撒种，同时期望在春天收获。

即使工作进展缓慢，我们也没有垂头丧气。况且教育学生必须有足够的时间，我们此前就应该考虑到这一点。任何学校都是如此，有些学校在教学过程中要克服的困难不大。只有当教育培养出优秀的人才，而不是匆忙地敷衍了事，它才配得上教育的名字。有头脑的人不会指望仅用一两年，甚至两倍的时间来完成教育。个人智力发展，师资能力提升，教育本身的开展以及每个人积累知识和修身养性的不断进步，这些都需要一定的时间。真诚地为您服务。

　　此致

敬礼

布朗

香港，马礼逊山

1845 年 9 月 24 日

会议选举产生的马礼逊教育会理事会

赞助人：英王全权特使、港督、准男爵德庇士先生

会长：神学博士裨治文牧师

副会长：莱斯利先生

司库：唐纳德·麦地臣先生

通讯员：奚礼尔先生

记录员：迪尔先生

审计：约翰·登特（John Dent）、麦基恩（T. W. L. MacKean）先生。

第十章　马礼逊教育会学生终考范文 ①

　　人类如此依赖造物主，无论身处何地都有强烈的责任感，服从上帝的意志，而认知这样的依赖和义务比任何事情都重要。这种认知是一种崇高的宗教责任，无论在时间顺序还是重要性上，人们首先应该履行这种责任。我们乐意承认它并看到它获得承认，乐意灌输给别人并被别人灌输。在整个基督世界最开明国家的教育机构中，这种认知是其真正荣耀的特征。在英格兰、苏格兰和美国，我们看到对青年的培养和教育方向，很大程度上且非常明智地由宗教界牧师承担。英格兰人、苏格兰人和美国人同样具备这种高尚并助人高尚的特征。我们有个合适的例子来说明这种认知的实际成果——马礼逊教育会，该机构的创始人及支持者对它的成功深感欣喜与自豪。我们将对青年教育是否该使用基督教手段加以论述，然后请我们的读者阅读几篇范文，以展示学生在马礼逊教育会所学的知识。

　　读者都知道，马礼逊博士曾经是传播福音的牧师，作为传教士来到中国传播福音。马儒翰先生是牧师、传教士和教育界坚定的朋友，也是教育会的创始人和最热心的支持者之一，教

---

① 译自《中国丛报》1845 年 11 月第 14 卷第 11 期篇一第 497—519 页：马礼逊教育会学生范文及相关评论，1845 年 9 月 24 日年度考核时展出。

育会就是为了延续马儒翰先生尊敬的父亲马礼逊牧师的善举而创建的。

……

我们在本刊今年最后一期刊登《马礼逊教育会第七次年度报告》，以及布朗先生关于学校管理的报告。从这些文件看，高年级学生已经接受约五年的教育，掌握了自己的语言和英语。英语作文在学校中应受到重视，因此我们附上的文章可以合理地展示学生所学。我们将一整套高年级学生的文章附后。这些文章没有经过筛选并且在语言表达上没有做任何修改。[①]

一、人生如建筑，青春为根基

生命之晨好比是我们每个人建造的房子必须奠定的基础，因为此生和来世的幸福取决于我们对时间的合理利用，我们必须在享受生命的同时尽可能多做些工作。我们从经验中得知，建立在糟糕地基上的房屋是不坚固的。同样，除非个人在年轻时就奠定良好基础，否则他不会拥有自己履行人生重要使命的良好思想修养和习惯。无论这个基础的好坏，我们都必须在此之上建造中年时期的上层建筑。从这个角度思考问题是非常严肃的，因为在道德和物质的建筑中，没有任何宏伟的建筑建立在错误的基础上。一个关心孩子幸福的家长不应把所有的时间都花在堆积不必要的财富上，他的目标应是给孩子提供良好的教育。正确的教育是我们为幸福和成长奠定基础的方式，是生

---

① 以下文章原文均为英文。

活中最应关心的问题，使我们成为社会上有趣或讨人喜欢的人，因此我们应该竭尽全力去获得教育。孩子就是成年人的缩影。据说拿破仑在孩童时代曾让同学们扮演士兵和他一起列队行进，而他自己扮演将军或领袖。这与他长大成人后所做的事情如出一辙。的确，如果父母贫穷，他们就没法给孩子提供良好的教育，为其奠定良好的人生基础。但是，如果孩子有机会，而不去尝试利用，机会就会从指间溜走，他们会为此承受一生的痛苦。如果我们忍受时间的流逝，却不知道它是上帝的恩赐，也不知道我们对此负有责任，那么之后它将沉重地压迫我们。有些人抛弃自尊，说这个或那个学科不适合他们学习，没想过要熟练掌握。在我看来，这样的人似乎害怕学得太多。但是让我问问他，难道知识给他的回报不够多吗？我听很多人说庆幸自己知道什么，而从来没有听人说过庆幸自己什么都不知道。一个人年轻时学习了许多知识，虽从未付诸实践，也未从中得益，但这些知识一直在培养和塑造他的心灵。他对大自然的奥秘形成大致的看法，看透了大地、空气和空气之上的奥秘，他恰当地选择所从事的职业。每门科学或艺术都与另一门存在某种联系，因此，学过一门学科的人，比不懂任何学科的人能更快地学会任何新的学科。知识除了能带来这种实质上的优势外，有学识的人还能比其他人更好地理解和赞赏造物主的荣耀，因为每个存在都是他的荣耀，而他的目标就是荣耀。

二、清政府

清政府不公平。很难说它是一个好政府，它与英国、美国或任何其他基督教国家的政府大不相同。清政府由成千上万人组成，人们认为从最高层到最低层官员中，很少人能够忠诚履行职责、为民众谋福利并公正待人。

拥有绝对权力的皇帝很少注意官员这方面的行为，但他完全依赖每个行省和地区的行政长官，例如内阁、六部以及许多下属官员。这些人都身居北京。此外，每省还有很多官员，其中包括总督、将军及其属下官员，巡抚、布政使、按察使、都转盐运使司运使、府尹、府丞、知府、土知府、盐运司运同及许多其他下属。还有各种各样的军官，其中包括提督和总兵、将军、标统、把总等。这里列出的官衔还不到总数的百分之一，但没必要全部列出来，接着我将继续讨论官员的作为。

虽然官员数量庞大，但让外国人感到奇怪和难以接受的是，他们的作用很小。保留一半数量的官员就可以更好地治理这个国家。在我看来，当前的清廷很平庸：它既不像某些国家的统治者那样残暴和残忍，也并不强大和正直；对清政府最大的反对意见之一是它为谋利而压迫民众的不公行为。人们普遍认为，从最高级到最低的清廷官员都是勒索者，他们榨取每个被抓的人，几乎没有人在不付钱的情况下能从他们手中溜走。

一些中国人告诉我，南部省份和东部沿海省份的地方官员额外赚的钱是他们俸禄的十倍多，而西部省份的官员赚的少一点。因此他们的平均收入是俸禄的十倍。我说的是文官，而不是武官，武官获得的权力不及文官的三分之一。文官往往凭借文化成就获得官职，而武官没有资本几乎得不到官职，还要穿戴讲究。中国有句谚语"文穷武富"，意思是文官职位的人可能是穷人，但想获得武官职位的人一定是富人。这并不是说一概如此，有时官职是通过"捐官"买来的，巡抚的官职是三万两银子，知府的官职是三万美元，任期三年。原则上，武官在上任之前一定是富有的；文官则完全取决于他在考试时的头脑灵光。做文官远比做武官有利可图，因为所有的事情都有利于文官。在九品官员中，品级和顶珠颜色完全相同的两个官员，文官总是比武官更受人尊敬、更有权势。例如，头戴三品顶珠的参领或城守尉总是受到五品知州的影响。

如果有人问我，为何武官被漠视和鄙视，而文官如此发达？他们靠什么方法获得财富和荣誉？我认为，有很多种方法，我后面会谈到其中一些方法，而所有这些事情的发生，只是因为缺乏真正的美德和基督教的光芒。

的确，大多数官员的内心是相对阴暗和愚蠢的，他们邪恶、残忍、自私；他们追求的唯一目标就是财富。拥有财富是件好事，但我们应该通过公平交易来获得；相反，他们不是通过正当途径，而是用不公正的手段来获得财富。

第一，官员从百姓那里横征暴敛。

第二，当一个人从边境走私大量的商品到国内，特别是鸦片，途中被某个官员扣押时，如果这位走私商愿意支付赎金，就能被释放，否则他的行为将受到司法审判专员按察司的处理并依法受到惩罚。

第三，官员常以借用为名，向有钱人索要礼品。

第四，官员煽动海关代理官员超额征收关税，设法从中赚取尽可能多的钱财。一等品关税为每人1钱8分，二等品1钱6

分，三等品1钱4分。支付税款时，允许人们选择使用货币或大米。他们的惯例是每年收三次税，分别在五月、七月、十一月。把这些税款与每年的关税合计起来，官员就能算出一年的税收总额，扣除包含部分虚高的公共开支，他们肯定会用虚假的账目只将部分的剩余税款送到北京。

第五，官员委派下属和巡检司做事，却分文不给，当差官员只能从百姓那里捞钱。他们的公共开支账目中包含这些下级官兵的酬劳，却将这部分款项纳入自己囊中。

第六，当一个疑犯在案发后被抓住，无论他是否冤枉，他们总是通过仗刑和掌嘴迫使他暂时认罪，然后立即把他送到监狱关几天；在此期间他们派人调查案件的真实情况。若疑犯是无辜的，私下交赎金后他们就放了他。若是有罪，就进行第二次审判，把他关在牢里，等候审判官的指示。当囚犯被羁押在牢里时，他的亲属必定要来打点，根据囚犯的罪行大小及其家产的多寡支付一笔钱，让囚犯在监狱里能享有一定的自由。这是与狱卒私下进行的勾当。每天早上负责管理牢狱事务的司狱查看每个囚犯是否在各自的牢房里，是否有人看守。当他巡查时，狱卒将囚犯看守起来，并关押几分钟，直到司狱回到衙门。

上述收益只有文官才能获得，武官得不到，因为武官几乎没有任何赚钱的机会。他们赚钱的唯一途径就是自己的俸禄。布政司只发放一笔固定数额的饷银用于招募士兵，武官便减少招募的士兵人数，克扣士兵的饷银；当他们从某些使司或高官那里得到朝廷准备监察其履行职责的消息时，就找人充数填补空位。

上文没有提到海军官员，我简单谈谈他们的特质。海军官员也有很多赚钱的机会。他们收受走私船只的贿赂，有时强征一定数额的银钱。如果走私船不交钱并与他们发生不愉快的冲突，他们就没收船上的全部货物。靠岸船只的船长必须与官员做好沟通，否则他们就会给自身招来麻烦。这一切都说明清廷的软弱无能，清廷里的每个人都在互相欺骗，而最高层的官员则在欺骗皇上。

悲哀的是，整个国家都在发生这样的事情。很遗憾，清廷官员是如此地缺乏美德和其他优秀品质。我希望他们很快能变好，希望正义、自由和幸福可以在全国推广和传播，大清帝国的每个臣民都能展示他的文明，这样整个国家就可以得到其他国家的称赞。

三、劳动

说到人类的活动及其从事的各种工作，劳动应该被看作生活中最重要的事情之一。这是一个特别值得注意的问题，无论从整体上还是对个人来说都是如此：事实上，没有任何人在身体或精神上从未劳动过或无须劳动。而造物主就是这样安排的，人应该出去工作，一直劳动到晚上，因他额上的汗水，得以吃到面包。我们几乎一无所有，除非通过劳动获得，因此，我们吃、喝、穿的每样东西，虽说是造物主为我们提供的，但都需要通过劳动获得。既然事物不会偶然出现并自我增加，我们便知，当我们的注意力被美丽的城市或优雅的建筑吸引时，毫无疑问它们蕴含着人们的劳动，否则它们不可能存在。每个人的生命之途都必须付出劳动。因此，我们看到木匠、泥瓦匠、车夫、商人、农民和其他人都忙于从事自己的工作；在学院、大学和其他神学院，有些人的目标是增长知识，有些人在享受知识创造的果实，成为哲学家、教师、律师或探索自然规律的学生。前一类劳动者的确很重要，而后一类劳动者的重要性并不亚于前者。事实上，人类必须得到食物、衣服和住所，天意如此，这些生活必需品不能缺失或数量不足，否则，人类的力量将不可避免地减少，直到他们死亡。因此，木匠和石匠忙于建造房屋，工匠忙于制造布匹，农民忙于耕种田地，所有这些构成了国家的财富，专门供应每个人的日常生活。我们不能忽视这类劳动者。下面我们来观察智力的培养，看看它是多么必要，以及它在生活中带来的额外乐趣。无论在生活的哪个领域，知识都是力量。它是幸福和快乐的源泉，是消除一个国家无知阴霾的光明：它带来荣誉，提升国家财富，并且是一个国家最有力的防御，国家礼仪建立的根基。如果把它从一个国家中移除，国家的要塞就会被移除，并陷入悲惨的状态。为了更好地说明这一点，我们向你展示缺乏知识而产生的劣势和惨痛。让我们观察野蛮人的状况。他们的国家被森林和沼泽所覆盖：他们的城市不过是一片森林围绕的废墟，棚屋就是最好的住所。他们没有农场（因为他们几乎没有任何农业），主要靠打猎为生，用动物的皮毛遮盖自己的身体。对他们来说，其他任何事情似乎都无足轻重。我们在那里能找到精美的建筑甚至普通人盖的简单房子吗？我们在那能找到来往运送物品的船只吗？不，他们没有商业，也不懂航海术。我们能在他们的领土上看到使观者一饱眼福而使农民心情愉悦的丰收吗？这样的场面无疑是非常令人欣喜的，但只有在文明国家才能见到。在文明国家，人们付出很多劳动并受到知识的启发。野蛮人的一切都是荒凉的，事实上，他们根本没想过改善自己的处境。当我们收获小麦、大麦和玉米回家时，他们却带回一头鹿。看看文明国家的舒适和便利，在那里有受过教育的劳动力，相较之下，野蛮人显得多么悲惨与截然不同。所有这一切都是缺乏智力培养的后果。现在我们可以看出知识掌握着怎样的力量。因此，知识应该得到高度的评价。但是，在我们折服于智力培养成果的同时，绝不能认为仅靠智力就能带来幸福和舒适。如果所有的人都是学生，他们的劳动永远不可能付诸实践，因为其他人无法利用他们的发现。相反，如果所有的人都是体力劳动者，他们的处境就会类似于野蛮人那样。因此，这两种形式的劳动是互为必需的，并和谐共创人类的幸福。

劳动对任何事物的影响，是改变事物的状态或形式，从而增加它的价值。因此，无知的人可以通过教育而变得有学问，成为有用之才：一张桌子现在的价值只有10美元，但通过劳动可能会带来50美元的价值。劳动者往往受到这些想法的鼓励。每个人在劳动时都期望从中获益，而且很少会失望。但这还不是全部。当我们在努力的时候，我们不仅延续了现有的幸福和舒适，而且在良好的引导下，每次进步都会带领我们走向更美好更幸福的生活。我们必须记住，想有所收获必先有所播种，只要以正确的方式去做，我们付出多少劳动，就会收获相应的果实。我们不要因为劳动太多而感到沮丧，因为那些花费高的事物，价值也大，付出的努力越多，成功的喜悦就越大。当一个人为教育而劳动并完成目标时，他将获得很多快乐。因此，人们不应抱怨劳动，而应对上帝赋予他们的职务感到满意。上帝本可以使人们完全免于劳动，但是我们必须谦卑地服从他的安排，因为他是善良的，他的智慧是无限的。在我看来，按照上帝的设计，有必要用我们的双手工作，并通过自己的劳动来获得幸福：因为我们喜爱那些用双手创造的事物，远远超过那些不劳而获的东西。我们发现有的富人拥有生活所需的一切，却仍被视为可怜之人。他们的一切都唾手可得。他们不需要劳动。因此，他们的身心都处于失业状态，从而过着懒散的生活。他们的财富是无用的。他们拥有财富，但他们并不享受财富，他们的幸福因而被赶走。如果上帝供养我们，使我们不必劳碌，结果会怎样呢？读者可自行判断。从以上考虑中，我们认识到，为了保证我们的幸福，人类需要劳动。这是人类不可避免的命运，但这也是一件幸事，它奠定了现在及未来幸福的基础。让我们劳动吧，不为钱财劳碌，为善事劳碌，为同胞劳碌，为造我们的主的荣耀劳碌，并记住我们的劳碌不会枉然。上帝必在现世及来世回报我们。

四、一次虚构的航行

　　1824年9月26日，我受到召唤离开家乡，出海去国外。同一天，在一位前往印度的男士的陪同下，我登上了慷慨号轮船。我们趁着顺风，当晚8点从澳门起航。经过五天的航行，我们看到了海南岛，它位于交趾支那（南圻）和中国大陆之间，在东京湾①旁边。我们停在那里，因为一直是逆风，直到10月2日，我们才乘着季风起航。15日我们已经穿过马六甲海峡，此前24天我们还满心期待着看到陆地，但是，第二天暴风雨来了，我们不得不撤退到远处。又过一日，风暴更加猛烈，海平面升到山那么高。在这种不幸的时刻，我感到非常害怕，因为一波海浪就可能将我们淹没在海洋深处，永不见天日。早晨，我透过船舱的窗户满怀信心地查看天气情况，风渐渐平息了。于是，我们驶向最大的阿达曼群岛，准备修理船只。我们登岸时，夜幕刚好降临。在离海滩不远处，我们幸运地找到一间居高临下的草房。我们一直待在草房内，直到船又能出海。在闲暇时，我们有机会写日记。11月15日，我们再次被召集上船。当时正刮着顺风，我们上午起航，告别小岛。我们一直按照既定日程航行，风已经刮了三天，我们远离了海岸，什么也看不见。但是到了11月18日，在我们被带回离陆地几英里的地方后不久，我们看到了城市，引航员带领我们沿河而上，在抛锚停泊之前接受检查。晚上7点，我们聚集在一起，感谢上帝保佑我们刚才顺利渡过危险的河道。第二天早上，在城里大饱眼福后，我们穿上合适的衣服来到岸边，准备到加尔各答住下。前往印度的这段航程就这样结束了。我花费许多天写信给朋友，很想去看看这个城市，了解当地人的风土人情。这座城市是英国驻印度总督的住处，坐落在恒河的分支胡格里河上，恒河的

_____

① 今称北部湾。

源头靠近喜马拉雅山脚下。这座城市为商业而建，因此有很多便利设施。这样的进步绝不是当地人带来的，因为总体而言，他们懒惰、迷信和残忍。这三种特质共同构成他们的性格。

这些人生活在祭司的影响下及种姓的枷锁下。而种姓主要分为四类。第一类是婆罗门或祭司，第二类是士兵，第三类是商人，第四类是劳工，还有那些失去了种姓的人。他们被禁止通婚，彼此甚至不能从同一个器皿中吃喝。关于他们的性格，正如我所提到的，残忍和迷信致使他们做出最可怕的行为。其中之一就是在女人们的丈夫去世后，把她们在葬礼上烧死。这样做是为了赎罪，但是最近英国人已经废除了这种做法。然而在这个国家的某些地方，人们仍保持着这种毫无人性的习俗。最糟糕的是，为了取悦神灵，母亲甚至把孩子献给鳄鱼。在种姓方面，他们有一种特殊的方式来惩罚那些加入其他宗教而非自己宗教的人。例如，如果一个人皈依了基督教，他就必须离开自己的父母、亲属、种姓，他的财产也会被没收。这就是他们阻止人们信仰其他宗教的方式。这个国家已被英国人占领多年，据我们所知，在许多情况下他们的生活方式几乎没有或根本没有改变。但是，他们在军事上取得一定的进步。印度是个幅员辽阔的国家，是除中国以外人口最多的国家。印度领土包括从西边的印度河（印度的名称即由此而来）一直延伸到东边的缅甸帝国，从北边的喜马拉雅山脉一直延伸到南边的印度洋。这样幅员辽阔的国家一定拥有纵横交错的河流湖泊。在北部，大部分地区是平原，由恒河和印度河蔓延的分支灌溉。在这两条大河的源头有一片广阔的沙漠，其成因与阿拉伯和非洲

相似。印度属于热带气候，由于自然原因，永久的积雪覆盖着
巍峨挺拔的山峰。在许多情况下，土壤因气候和温度的不同而
产生差异。当地人种植水稻，每年收获两次；尽管如此，许多
地方仍然缺乏耕种，除此之外，印度在各方面都非常讨人喜欢。
这个国家的风景在我眼前掠过。但是，考虑到在印度待的时间
太久了，我打算前往美国。1826 年 8 月 8 日晚，我们起航了。
天气晴朗，月亮从东方的地平线升起。有利的季风吹过起伏的
波浪，波浪反射着月光，整个半球点缀着明亮的闪光，而大大
小小的鱼儿在水下嬉戏。这就是我们周围的情景。在这段时光，
如此的情景并不少见。当我们靠近好望角时，风从船的侧面刮
过，两个月后我们才看到美国。我们的目标实现了。早上，我
踏上这片新的土地——纽约市。这是座商业城市，建在纽约湾
源头的纽约岛上，以前被称为曼哈顿。它所在的岛屿南北长 15
英里，平均宽 1.5 英里。这座繁华城市的西侧与哈德逊河接壤，
哈德逊河的源头在尚普兰湖以西的山区，流入纽约湾。靠近莫
霍克河的交汇处就是伊利运河，从东向西延伸，连接着尤蒂卡、
罗彻斯特、布法罗等城镇，以便在贸易上不断地相互联系。既
有河流又有运河，因此，纽约州的商业繁荣。它的北部与加拿
大东南角的一部分接壤。南部是宾夕法尼亚州、新泽西州和纽
约湾。东部是尚普兰湖、佛蒙特州、马萨诸塞州、康涅狄格州，
西北部与安大略湖和伊利湖接壤。所以西北部和东南部两侧都
有水。这样一个州必定是财源广进，商业发达。除此之外，还
有更多值得注意的地方。整个美国从大西洋一直延伸到西面的
落基山脉。它的北部边界是英属美洲，南面是墨西哥和墨西哥

湾，东面是大西洋海岸，西面以落基山脉为屏障。但是，这个国家还有人居无定所。在密西西比河和密苏里河边缘的西部地区，可以看到广阔的森林，生活在森林里的都是野人和野兽，但在对面的河流以东地区，一个文明的国度安顿在此。美国人把国家划分成不同的州，实行自治，他们所采取的政府形式叫作共和政体。

五、圣经

"圣经"（Scriptures）指受到启示的圣典，也被称为《圣经》（Bible）或《经书》（Book），有别于其他所有书籍。《圣经》分为两部，一部称为《旧约》，另一部称为《新约》；因为它们是在不同时期写成的，前者写在基督之前，后者写在基督之后。旧约大部分是用希伯来语写的，是犹太教的圣书。它分为三部分，历史书、诗歌书和先知书。历史部分包含从《创世记》到《以斯帖记》（Esther）的17本书。诗歌有五本书，从《约伯记》（Job）到《所罗门之歌》（Song of Solomon）。先知书从《以赛亚书》（Isaiah）到《玛拉基书》（Malachi），共有17本。旧约写于新约之前1500年。《圣经》是由45位受到上帝启示的作家撰写的。旧约包含39本书籍，新约有27本。它们合并在一本名为《圣经》的书中，形成关于创世记的相互关联的叙述。我们现在所读的"圣经"（Scriptures）是由雅各一世（James I）指派50个博学之人翻译的。这项任务持续三年，《圣经》译稿完成后于1611年印刷出版。对那些用心阅读《圣经》的人来说，它是最重要和最有趣的。它向我们揭示真实的创世记，真正的上帝，以及人类的一切职责。它被用于基督教的教堂和家庭，作为标准从未改变；现在已经印刷成千上万册，几乎散布世界每个角落。有许多传教士从基督教国家被派遣到异教国家，去教导人们阅读《圣经》，教授耶稣基督来到世间拯救罪人的知识。如果某个人对《圣经》一无所知，他就不能找到指引自己走向救赎之路的真正光明。他总是处于阴郁的状态，不知道自己的灵魂会变成什么样子。我们发现，在旧时代，《圣经》出版后，很少有人按照它的指示悔改自新。在今天，基督徒把《圣经》当作生命之书。马礼逊博士和米怜博士翻译的《圣经》散布在中国许多省份。虽然中国的书籍不胜枚举，但是没有一本书真实地记载创世的过程，也没有一本书记载救赎的方法。在中国许多地方，传教士为了行善和传播《圣经》而定居。缺失《圣经》教导，任何宗教都是不正宗的。因为《圣经》教导我们拯救的道路，真正的宗教会在这个世界的试炼中支撑我们，并且帮助我们为将来做好准备。成千上万的人误以为自己宣告《圣经》的信念就是实践了这份信念，而且他们并不像所表现的那样了解真正的实践。但《圣经》说，所有的人都应该"在今世自守、公义、敬虔度日"。我希望，《圣经》能够在中国人中间公开流传，因为数以亿计的中国人正在为愚蠢的偶像而疯狂。出于这些考虑，我们必须把《圣经》的影响置于人类切身利益之列。

六、中国人关于未来的观念

中国人认为有两个未来世界，一个在地上，一个在地下。前者名为天，意味着天堂，而后者名为阴间，意味着阴影之地。每个地方都有一个王。天上的王叫作玉皇，也就是玉皇大帝，他统治着所有的神灵，而阴间的阎罗王统治着死者。在阴间有好几个王，但他们不是同时统治，而是一个接一个轮流当王。人们相信他们曾经是这个世界上存活的人。下面是关于包拯王的传说。他是在母亲去世后出生的。据说，母亲被埋在坟墓里好几天，身体已腐烂，孩子却出生了。孩子在棺材里。幸运的是，老鼠钻进了棺材，喂养了这个孩子，最后有人听到孩子的哭声，他才被发现。就这样，孩子被从阴暗的坟墓里救出来。他长大后被送到学校，成为博学之人，最终成为伟大的治国之才。据说他是一个怪物，因为他的脸是黑色的，他有能力上天与神交谈，入地与鬼交流，虽然肉身无法到达，只是神往。由于包拯拥有这样的力量，人们相信他是地府的王。

中国人的主要观念之一就是灵魂的轮回。那些在婴儿时期死去的人很快就会重生，有时一个孩子刚死，他的灵魂就飞附到另一个身体上，因此马上得以重生。但是成年人或者死去的老人，不能像婴儿一样那么快轮回。他们还认为，如果人生活在邪恶之中，灵魂必须在死后受到惩罚，但不是永久的毁灭性惩罚。他们认为人被打入地狱时，可以通过花钱来使灵魂得救。因此，在富裕的家庭，当父母去世时，大量的金钱被用来祭奠冥王，以免他们受到惩罚。这种愚蠢的做法有时候持续几天或者一周。并非只有富裕的家庭在亲人去世时才会这样做，有时穷人也会倾其所有，想尽办法救赎灵魂。他们认为阴间的死者和活着的人一样需要衣食。

每年七月十四和十五的夜晚，他们烧金纸作钱，烧纸作布，将纸染成五寸见方的各种颜色，在街上为亡灵献祭，他们认为逝者活着的时候是穷人，死后还是穷人，因此就为他们做这些。他们也希望这些灵魂能保佑逝者得到健康和财富。他们不仅在七月为逝者做这些，还做了更多事情。一月，他们庆贺新年，祭拜神灵。二月初二是神的生日，神像用石头做成，摆放在街上。他们用猪肉和食物来祭拜神灵。他们为神准备盛宴。三月是上坟的时候。四月是神农的诞生日，即土地和粮食之神，这些神也受到所有政府官员的祭拜；同时他们祭拜死者。五月初五，他们祭拜神灵并抬着庙里的神像在街上巡游，有时抬着神像从一个村庄到另一个村庄，然后把它们放回庙里。这时，有些人进行划船比赛，船长40英尺到50英尺，宽5英尺，称为"龙舟"。六月没有祭拜，十月也没有，八月十五夜，他们用水果和月饼祭拜月亮。他们当然是在户外或者在阳台、屋顶上祭拜，在那里可以看到月亮，然后他们在那里吃喝，有些人还演奏音乐。他们每年都会进行这些活动。此外，中国人说经常能看到魔鬼或邪灵沿着街道或村子哭泣，但不能看到它们的整个身体。有时它们甚至与人交谈。有一种通过神婆让人们真正地与魔鬼或逝者交谈的方法。这里有很多神婆。如果一家人想恢复任何逝者亲人的灵魂与自己交谈，他们就召来一个神婆；活动开始的时候，香、蜡烛或者台灯等东西都备好，放在桌上。神婆坐在椅子上，她的头向前倾斜，趴在桌上几分钟直到睡着，这样死者的灵魂就会附身，并引导神婆告诉家人他在往生世界的所作所为。但是，当鬼魂离开神婆的身体后，她就不能再说话了，然后她就会醒过来。这种方式骗过许多女人，但很少有男人相信。

根据中国人的观念，人死后，地下世界是逝者唯一可以生活的地方；他们认为那里也有幸福和痛苦；如果他们今生是好人，来世就会有好报。因为在他们的想象中，天堂是只有神、仙或神灵生活的世界。

然而在古代，许多人独自隐居，希望死后成仙，这样他们就可以生活在天堂。现在很多人希望成仙，所以他们宣称自己过着纯净的生活，如佛教僧侣和尼姑终身不婚，只侍奉他们的神。尼姑们不吃任何有血的动物，但有时其他僧侣会吃。

唉！尽管他们终其一生都在这样做，但他们是无望的，一定很痛苦。因为仁慈的造物主赐给我们宝贵的《圣经》，它就像一块路牌，为旅行者指明了道路。

第十一章　马礼逊教育会图书馆书目 [①]

马礼逊教育会图书馆图书目录最近在校长布朗先生指导下出版。布朗先生在这本目录上面花费了不少心血。之前的目录由已故马儒翰先生于1838年编制，带有编纂者的个人评注和整齐清晰的印记。那时候图书馆藏书量比现在少得多。后来增加了一些私人捐赠图书，但藏书的大幅增加主要还是源于马儒翰先生私人图书馆的并入。马儒翰先生从外国居民手里买入图书，他去世后图书被赠送给马礼逊教育会。大家都知道，马儒翰先生本来就打算把自己的图书馆留给在华传教机构，而且人们认为这样处置比起公开拍卖，更符合他的家人和朋友的意愿。大量书籍进入图书馆，加上原来的书卷，使得图书馆不得不重新排列图书，因此需要新的图书目录。因此理事会就请布朗先生彻底修改目录，处理掉一些不必要的书，重新排列，出版留下来的图书的目录。于是，约1500册旧书被公开拍卖，剩下4140册图书根据目录版式重新整理。现在的整理模式相比以前有绝对优势，图书的摆放位置更合理，以前只是根据不同主题来摆放图书，而没有考虑图书的体积。目前采取的模式使图书馆仍像以前一样容

[①]　译自《中国丛报》1845年11月第11卷第288—291页：马礼逊教育会图书馆图书目录，由《中国丛报》编辑室于1845年在香港出版。

易找到读者急需的书，而且看起来更加整洁。

马礼逊教育会图书馆是在华外国人社区的财产，他们慷慨捐建了这一优秀、有益的机构。图书馆供教育会成员使用，他们每年向教育会基金缴纳 10 美元，或者一次性缴纳 25 美元。通过查看我们面前的目录，可以看到图书馆有很多颇具价值的藏书，有些书属于英国东印度公司，有些书来自长期在华居住的绅士们的私人图书馆，还有一些书属于已故马礼逊博士，后来由他的儿子马儒翰继承。

我们在这里可以找到用世界上几乎所有主要语言写的书，包括古代和现代作品。这里有至少 40 部关于不同语言的语法书和词典，还有用其他语言编纂的辞书。

在圣经和圣经文学领域，我们有 70 多个版本的相关著作，据推测，这与大英圣经公会出版的版本数量相当。宗教作品很丰富，且都是非常有价值的作品。我们还提供了法学、政府管理、政治经济学和商学方面的经典著作，特别是有关东方国家政府和商业的书籍。

热爱自然历史的读者在这里会发现布卢姆（Blume）①、布丰（Buffon）②、布卢门巴赫（Blumenbach）③、戈德史密斯

---

① 布卢姆（Carl Ludwig Blume, 1796—1862），18 世纪德裔荷兰植物学家、昆虫学家。布卢姆与菲利普·弗朗兹·冯·西伯德（Philipp Franz von Siebold, 1796—1866）在 1842 年共同创建荷兰皇家园艺学会。他著有《世界植物新品种名录》《兰花收藏集》等。

② 布丰（Georges-Louis Leclerc, Comte de Buffon, 1707—1788），18 世纪法国博物学家、作家。从 1739 年始担任皇家花园（植物园）园长，毕生经营皇家花园，历经 40 年写成 36 卷巨著《自然史》，1753 年当选为法国科学院院士。

③ 布卢门巴赫（Johann Friedrich Blumenbach, 1752—1840），德国医学家和人类学家。在 1775 年发表《人种的自然起源》，把人类划分为高加索人种、蒙古人种、埃塞俄比亚人种、亚美利加人种、马来人种五个人种。布卢门巴赫的理论反映了 18 世纪德国的思潮，其博物学著作涉及可变性、绝灭、自然发生、退化、终极原因、创造、灾变和形态建成等重大话题。

（Goldsmith）[1]、霍希尔德（Horsfield）[2]、林奈（Linnaeus）[3]、居维叶（Cuvier）[4]、柯比（Kirby）[5]、罗吉特（Roget）[6]、米修（Michaux）[7]、肖（Shaw）[8]、斯文森（Swainson）[9]、威尔逊（Wilson）[10]、拿破仑·波拿巴（Napléon Bonaparte）等名人的作品。

地理、航海、旅行方面的书籍共 205 部，373 卷。

---

① 戈德史密斯（Oliver Goldsmith，1728—1774），英国作家。著有《威克菲尔德的牧师》（*The Vicar of Wakefield*）、《屈身求爱》（*She Stoops to Conquer*）、《世界公民》（*The Citizen of the World*）、《旅行者》（*The Traveller*）、《荒村》（*The Deserted Village*）等作品。

② 霍希尔德（Thomas Horsfield，1775—1859），美国医师和博物学家，英国皇家学会会员。著有《爪哇和邻岛的动物学研究》《爪哇植物》等。

③ 林奈（Carlvon Linné，Carolus Linnaeus，1707—1778），瑞典植物学家、探险家。林奈最早界定生物属种的原则并创造统一的生物命名系统，把全部动植物知识系统化，采取自然分类法，提出"双名制命名法"，著有《自然系统》《植物志种》等。

④ 居维叶（Georges Cuvier，1769—1832），法国动物学家、地质学家，比较解剖学和古生物学的奠基人。著有《比较解剖学讲义》（1800—1805）、《四足动物骨化石研究》（1812）、《按结构分类的动物界》（1817）等。

⑤ 柯比（William Kirby，1759—1850），英国昆虫学家、自然学家，昆虫学的奠基人。著有《昆虫学概论》（*Introduction to Entomology*）、《英国蜜蜂专论》（*Monographia Apum Angliae*）和《罗伯特·布朗先生在纽荷兰收集的几种新昆虫品种的描述》（*A Century of Insects, Including Several New Genera Described from His Cabinet*）等。

⑥ 罗吉特（Peter Mark Roget，1779—1869），英国内科医生和文献学家，编纂《英语词汇类属辞典》（*Thesaurus of English Words and Phrases*，1852）。

⑦ 米修（André Michaux，1746—1802），法国植物学家和探险家，以对北美植物区系的研究而闻名。

⑧ 肖（George Kearsley Shaw，1751—1813），英国动植物学家。1806 年成为大英博物馆自然历史系馆长。

⑨ 威廉·约翰·斯文森（William John Swainson，1789—1855），英国鸟类学家、昆虫学家、艺术家。

⑩ 威尔逊（Alexander Wilson，1766—1813），苏格兰裔美国诗人，鸟类学家，博物学家和插画家。被乔治·奥德（George Ord）誉为"美国鸟类学之父"。著有《美国鸟类学》（*American Ornithology, or the Natural History of the Birds of the United States: Illustrated with Plates Engraved and Colored from Original drawings taken from Nature*）、《关于民族自由的权力和价值的演说》（*Oration, on the power and value of national liberty*）和《森林人：一首诗》（*The Foresters: A Poem, Descriptive of a Pedestrian Journey to the Falls of Niagara in the Autumn of 1804*）。

年代学、通史与统计方面的书籍共 250 部，553 卷。

传记部分是各行各业有识之士的回忆录。

喜欢小说、故事、浪漫传奇和诗歌等文学作品的读者会在图书馆适当的位置找到足够的书籍。

图书目录中接近末尾的那部分书目最为实用，这些著述讲述我们暂居的中国及其毗邻国家的相关情况。我们相信，这套文献比其他任何地方所能发现的有关同样话题的作品集内容都要完整——几乎囊括所有耶稣会士和其他作者有关中国各地、朝鲜、暹罗和南圻的经典著作以及对出使中国的各类使团的记录，还有几乎所有公之于众的不同时期关于中国和相邻国家或部落语言的著述。

在这里，我们注意到法国学者研究汉语的书籍，尤其是儒莲（M. Stanislas Julien）①先生的著作。儒莲先生应该是同期阐述汉语特殊结构与原则最多的学者。除儒莲先生的优秀作品之外，图书馆里还有马礼逊、江沙维（Gonçalves）②、雷慕沙

---

① 儒莲（Stanislas Aignan Julien, 1797—1873），又译茹瑞安，法国籍犹太汉学家、法兰西学院院士，法兰西学院汉学讲座第一任教授雷慕沙的学生，法国汉学先驱者之一。"儒莲奖"被誉为汉学界的诺贝尔奖。儒莲向西方介绍有关中国农业、蚕桑、陶瓷等的书籍，并把中国部分小说、戏曲等译成法文。

② 江沙维（Joaquim Afonso Gonçalves, 1787—1841），19 世纪葡萄牙汉学家，遣使会传教士。于 1813 年入华。著有《拉丁语法》（*Grammatica Latina and usum sinensium juvenum*，1828）、《拉丁—汉语字典洋汉合字典》（*Lexicon magnum latino-sinicum ostendens etymologiam, prosodiam, et constructionem vocabulorum*，1841）、《拉汉小字典》（*Lexicon manuale latino sinicum continens omnia vocabula latina utilia, et primitiva, etiam Scripturae Sacrae*，1839）等。

（Rémusat）^①、马士曼（Marshman）^②、克拉普罗特（Klaproth）^③和傅尔蒙（Fourmont）^④的作品，而麦都思（Medhurst）、鲍狄埃（Pauthier）^⑤、巴赞（M. Bazin Aîné）^⑥和学识渊博的香港总督阁下^⑦的著作共同组成不可多得的作品集成。这对于中国学生及其汉语研究具有巨大的优势。

我们对图书馆进行粗略介绍，目的是使它的价值更好地为社会所知，并为它争取尽可能多的社会关注，这是图书馆应该得到的。如果我们因此能够为图书馆吸纳更多的成员，我们将会很高兴，说明我们为在华外国人的慈善事业即马礼逊教育会提供了帮助。

---

① 雷慕沙（Jean Pierre Abel Rémusat，1788—1832），近代著名汉学家，以精通汉语、蒙古语和满语而著称。其代表作有《鞑靼语研究》（*Recherche sur les langues tartares*，1820）、《汉文简要（中国语言文学论）》、《四书·中庸》法文版等。

② 马士曼（Joshua Marshman，1768—1837），英国浸礼会传教士，汉学家。1805年，马士曼在拉沙（Joannes Lassar）的指导下学习汉语，参与《圣经》汉译活动。他著有《圣经》、《论语英汉对照》（*The Works of Confucius*：*Containing the Original Text，with a Translation*）、《论汉语的字体和读音》（*Dissertation on the Characters and Sounds of the Chinese Language*）、《中国言法》（*Elements of Chinese Grammar*）等中英文著作。

③ 克拉普罗特（Heinrich Julius Klaproth，1783—1835），德国语言学家、东方学家。

④ 傅尔蒙（Étienne Fourmont，1683—1745），法国汉学家、阿拉伯学家，法兰西学院、伦敦皇家学会成员。

⑤ 鲍狄埃（Guillaume Pauthier，1801—1873），法国汉学家，法兰西文学院院士。著有《中国地理历史文学图识》（俗称《中国图识》，1837），被誉为法国汉学宝典之一。

⑥ 巴赞（Bazin Aîné，1799—1862），法国汉学家。

⑦ 指港督德庇士（John Francis Davis，1795—1890）。

第十二章　马礼逊教育会 1846 年报告 [①]

马礼逊教育会的朋友们和赞助人欣喜地获知如下消息：布朗牧师终于盼来一直期望的咩士先生（Mr. William A. Macy）[②] 加盟教育会。咩士先生来自美国纽黑文州，他将担任布朗先生的助理。如果我们记忆准确的话，已故的马儒翰先生在 1841 年就按照教育会理事会的指令并遵循教育会的决定写了申请信，正式招聘马礼逊教育会学校的第二位教师。我们衷心祝福教育界朋友加盟教育会，到中国来教书育人并推进这里的教育事业。咩士先生乘坐"卢卡斯"号轮船离开纽约，于 3 月 12 日到达。

根据马礼逊教育会章程，下届年会将在 9 月 30 日，即 9 月最后一周的周三举行。马礼逊教育会至今已经创办十年，我们相信，教育会的朋友们不久将奠定与其规划初衷相称的基础。

---

① 译自《中国丛报》1846 年 3 月第 15 卷第 3 期第 159 页"时事报道"（Journal of Occurrences），《中国丛报》1846 年 8 月第 15 卷第 8 期第 431 页"时事报道"以及《中国丛报》1846 年 12 月第 15 卷第 12 期第 601—618 页：马礼逊教育会 1846 年报告。

② 咩士（William Allen Macy, 1825—1859），美国遣华传教士，马礼逊教育会香港学校校长布朗牧师的助理。1846 年 3 月抵达香港，在布朗主持的学校里工作，并在布朗离校后继续主持学校工作直到 1849 年学校停办。1850 年，咩士返回美国并被按立为牧师，成为美部会遣华传教士。1854 年再次赴华。1859 年去世，遗体安葬在上海墓地。咩士参与卫三畏《英华分韵撮要》编纂工作，撰写其中"姓氏列表与汉字部首索引"部分；在《美国东方学会会刊》发表《汉语在电报中的使用模式》及有关汉语词典的文章。

马礼逊教育会值得每个人的支持，我们希望该机构持续发展，能够一直作为纪念马礼逊先生光辉事业的纪念碑，以及拥有相同精神之人的善行的纪念碑。

马礼逊教育会成员和朋友们于 1846 年 9 月 30 日晚 6 点举行第八次年会。

出席会议的有：牧师裨治文博士、牧师史丹顿先生、牧师美魏茶先生、克利兰（Cleland）先生、托德上尉、德庇士先生、唐纳德·麦地臣先生、斯图亚特（C. J. F. Stuart）先生、萧德锐先生、伯驾医生、凯恩斯先生、奥尔丁（Olding）先生、巴富尔先生、吉尔伯特（Gilbert）[①]先生、伯德（Bird）先生、英格利斯先生、豪厄尔先生等。

教育会主席牧师裨治文博士先简单地陈述了教育会所取得的进步，并对最近迪尔医生的去世深表遗憾，迪尔先生曾是教育会最活跃的工作人员之一，他的离开是教育会的损失。裨治文先生在会议上宣读了几份附加的报告。此后，大会一致通过以下几个决议，每个决议的提出者都作出简洁而适当的评论：

1.美魏茶牧师提议，巴富尔医生附议——理事会接受刚刚在会议上阅读的报告并出版。

2.凯恩斯先生提议，吉尔伯特先生附议——年会报告刊印后，马上进行教育会年度捐助和募捐活动。

3.史丹顿牧师提议，萧德锐先生附议——由于布朗夫人疾病一直未愈，布朗先生必须离开中国一段时间，教育会希望理

---

① 吉尔伯特（Joseph Miles Gilbert，1799—1876），英国画师。

事会委托布朗先生作为教育会代理人，在他离开中国后为教育会筹款，以便扩大马礼逊教育会的影响并维持其运作。

教育会会员们通过投票选举产生教育会下届理事会成员。一名会员建议，教育会工作人员不用以投票的形式产生，应该先由教育会会员对同意或不同意的工作人员进行提名，大会一致同意选出的工作人员的名字附在会议报告后。该建议最后被大会通过。

会议一致决定对教育会主席表示感谢。感谢他对教育会所做的工作，感谢自从教育会成立以来，主席对教育会发展所作出的不懈、无私的努力。他总是为教育会的利益着想。接下来，与会人员来到考核室，学生们在这里被当众检查从入学以来取得的进步，检查方式和去年相差无几。

理事会报告（1846 年 9 月 30 日）

由于牧师布朗先生的报告和检查委员会的报告将对学校去年取得的进步进行详细描述，这样理事会报告的任务就比较轻松了。我们接下来提几点特别值得教育会会员和教育会的朋友们注意的事项。

我们很荣幸在做报告之前先表达自己的坚定信心，自从教育会成立以来，没有哪个时期像现在一样，我们有更充分的理由希望教育会拓展其优势，以实现教育会开创者最美好的愿望。

在上次大会之前，由于不可避免的疏忽，教育会资金情况非常困难，以至于朋友们热情低落；但是，此后教育会获得非常及时的资金补充，各项工作有很大改善，所以我们相信在不久的将来，目前教育会有限的影响力将会不断扩大。

回顾过去，我们在上次年会上通过了一项决议——再聘两名教师来教 60 名学生。届时，学校的学生人数加倍，所以教育会应该增加筹款、支付学校扩建宿舍的开销，以满足更多学生在校就读的需求。大会之后，一方面需要在华外国人提供更多的慈善捐款，另一方面，教育会会员拖欠的捐款也非常多。因此，我们需要谨慎行事，在再次向在华外国人筹款之前，用一段时间理清欠款。

如果参考教育会的章程记录，我们会发现教育会成立的最高目标是"在中国建立学校并改善教学条件，在学校里为中国青少年传授英语及汉语的阅读和写作知识，他们通过在校学习及引进的教学方法将获得必要的教导，从而成为聪慧、勤奋、严谨和善良的社会成员，适应各自的生活角色，为同胞、国家和上帝履行自己的责任"。

据可靠信息，在我们教育会开办学校的这片土地上生活着 3 亿多的兄弟姐妹，只有当这群人中的每位都能够充分地受到教育并履行上述责任时，我们的工作才算真正完成。

我们不能指望当初如此小规模的教育会学校很快就取得巨大的成果。但是，假如在我们学校就读的十分之一的学生将来从事教育事业，教授他们的同胞，而这些学生中又有同样比例的人以他们为榜样，跟随他们的脚步，那么，几年后他们的影响范围将有多么巨大啊！

从以上所讲可以看出，马礼逊教育会得到了所有在华外国居民、当地居民和朋友们的应有支持，但与我们情理中对教育会的期盼相比，目前的努力还不够。尽管如此，教育会的努力仍不应该被贬低；其努力不足主要是由于接连不断发生了无力回天的不利事件。教育会所希望的教育成果可以从一个有价值的事例中显示出来，证明这些努力并非毫无用处，而更多有价值的事例有幸被理事会记录下来——我们提到的这个事实和布朗先生的报告有关，是关于西方政治经济的专著①，该著作由我们学校的一名学生翻译成中文，中文版现已在广东刊印，免费发行，而翻译此书的学生还有一年零三个月才将全部完成在马礼逊学校的学习。

去年年会采纳了教育会任命的检查委员会的提议，在后附的报告中可以清楚地看出此举带来的好处。在此，教育会对检查委员会成员按时勤勉地履行其职责表示感谢。

我们对今年两名学生因病去世深表遗憾。教育会探望了这两名学生，我们对每个不幸生病的学生的关心和照顾，可阻止中国人思想中对我们的普遍不良印象，这些存在于头脑中的印象很有可能显现而不利于教育会实现未来的价值。

大家将从财务的往来账目中看到教育会今年的资金状况，账目上显示的收支状况比去年更加令人满意。

现在我们来说一下布朗先生的一个提议——他必须要去趟美国，以促使马礼逊教育会为中国教育所作出的努力引起美国和英国的关注，并且预期从这两个国家募集到可观的资金支持。我们觉得这个提议值得在座各位的认真考虑。布朗先生个人对

---

① 《致富新书》(*Western Political Economy*)。

教育事业有着浓厚的兴趣，他将一生投身到教育事业中，再加上他在其他方面的卓越才能，毫无疑问将使此次出访行之有效。在与教育会人员的交往中，我与布朗先生关系更密切，这使得我有更多机会欣赏其令人满意的管理学校的方式。今天，在这个场合，我们不能不表达对布朗先生的称赞，赞许他实现马礼逊教育会愿望的方式；同时，我们也要对布朗夫人表示赞扬，赞扬她给学生们树立了家庭榜样，赞扬她像母亲一样给予学生关心，这让学生们受益良多。我们衷心希望布朗夫妇在夫人养好身体之后回到学校工作。

我们还需要关注委员会作出的一个明智选择，他们挑选咩士先生来任教。咩士先生三月份从美国来到学校，从此，他便一直作为教师助理尽职尽责地工作，他的工作给教育会以帮助，也给自己赢得了信誉。

现在我们有请布朗先生和检查委员会为大家做报告。

布朗先生致马礼逊教育会理事会的报告

先生们：

教育会周年纪念日的临近提醒我自己要做一份有关学校运作情况的年度报告了。在接下来的报告里，我尽可能以朴实简洁的语言让在座各位了解学校的内部运行情况。

有一件我一直非常希望避免的事，那就是在给理事会的年度报告中出现夸张的表述。据我所知，目前所有已经出版的关于学校的报告确定无疑都是实事求是的，我对此感到很满意。但是，人们好像很喜欢听闻一些让人吃惊的事实和令人激动的事件，所以有时候我会担心这份报告中缺少这些东西，可能会让一些人感到失望，也可能会打消另一些对教育会事业很友好的人们的热情。人们很容易从一件事的规模、数目和外表来判断其重要性。尤其是现在，凡是改变缺乏革命性的内容，凡是报告中没有大张旗鼓地宣扬自己改进的内容，很难得到人们足够的重视。然而，最终人们会发现，较之他们愿意相信和认同的突如其来的巨变，我们同样需要小的改变，而实际上巨变和奇迹很少发生。我们须明白，事实的真相远胜于人们的想象；当人们热切的希望中充斥着夸张的陈述时，就一定会遭遇失望，届时人们的思想又会回到以前被忽视的事实真相。因此，为了能够以平实的语言向在座各位讲述学校的真实情况，我们将参考教育会已经出版的文献作为事实记录。这些文献不只是提供人们所期望的成果，而且能提供更好的价值标准，可以描绘未来的壮观景象。

去年年会时，我们学校共有学生30名。在年会开始前几天，年度报告写完之后，有一名学生身体不适，在该生父母的急切要求下，学校同意该生回家。然而几天之后，我们听到这名学生去世的噩耗，对此我们深表悲痛。他是第四期班级的一名学生，广东黄埔人。

去年8月1日，一名学生突然死于肝淤血。该生来自南京，是个孤儿。加上这两例死亡病例，学校自建校以来共有4名学生不幸去世。刚提到的这个孩子是第三期班级的学生。

另外一名学生是宁波人，他是学校里年纪最小的学生，由一位英国绅士资助来校就读。然而，由于这名英国绅士无法对该生进行监管，该生被召回自己的家乡，而且朋友们也希望他回宁波。我们希望这名学生在回到宁波之后继续在传教士开办的学校学习。

这样一来，我们学校的学生人数便从 30 人减少到 27 人。其中一名学生还在上海的英国大使馆做事，不过他很快会回到学校。

在过去四个月里，四名学生由于患有类似水肿的疾病，不幸中断了学习。调查这些病例的医生认为，该病是由于久坐和缺少锻炼导致身体虚弱造成的。虽然按照我们的理解，该病不怎么严重，但患病学生有些忧虑，这使得他们的治疗变得更加困难。第一个患病学生的下肢出现水肿，在学校接受约一个月的治疗后，他希望学校能够允许他回家，这样他可以换个环境并尝试中医治疗法。我们同意他回家接受治疗，但该生写信告诉我们其病情并没有好转。到最后一次来信时，这名学生几乎要借助拐杖才能走路；现在没有人知道他什么时候能够回校继续学习。他是第一期班级的学生，因此我对他的缺席更感遗憾。在这名学生离开之后，其他三名生病的学生以类似的理由回到各自的家乡，其中两名来自第二期班级，一名来自第三期班级。所以，目前实际在校人数减少了更多。还有其他几名学生也感染了类似的疾病，但他们都留在学校治疗，现在病情已经有所好转。说到此事，我认为教育会应该对迪尔医生和巴富尔医生表示感谢，他们不知疲倦、不求报偿地关注和照看生病的学生。此前，学生需要医生出诊的时候，我们身边有合信医生。合信医生凭借在中国行医的经验和技术给学校提供优良的服务。但是，"人难免一死"，医术也不能总是避免死神的降临。对于一个教师来讲，站在自己学生的床边，看着他死去，这是难以忍受的；然而，这是天祸，我们必须对此有所准备。如果这种天祸能够让学生更加珍爱生命的话，那也还好。

今年3月12日，咩士先生来到学校接替邦尼先生的工作。从那时起，咩士先生便一直忙着教授第二期和第四期班级的学生，他自己也在忙着学习汉语。教育会很感激能够聘任像咩士先生这样好的教师。然而，去年年会上的一项决议提出，我们的工作范围要随着学校的扩建而扩展，遗憾的是，我和咩士先生都没有做到。

与去年的情况一样，今年我们仍然是四个班级。第一期班级有7名学生，第二期班4名，第三期班7名，第四期班10名。

今年开学第一期班级开始学习阅读、写作、作文、地理、代数和几何。在这里，我们没有必要具体描述学习的过程，而是向大家汇报一下这些学生的学习量就足够了。首先是阅读。第一期班级的学生在课堂上已经阅读了从《创世记》（Genesis）到《以斯帖记》（Esther）和《旧约》（Old Testament）的所有内容；每天午前学生们都会朗读经文，他们同时还阅读其他书。阅读经书的目的不是为了向学生们进行宗教教育，而是教他们建构和使用英语这门语言。同样，学生们也根据各自的选择利用学校图书馆。在书法课上，学生们通过使用福斯特的抄写本，英语书写能力明显提高。这里，我们将前三期班级放在一起说一下，他们都使用这套抄写本，书写能力的进步程度和练习时间成正比。大家愿意观摩的话，几个高年级学生能够写出漂亮的英文。

今年，学生经常上英语写作课（English Composition）。有时，学生就所给单词造句并说明各种句子成分的功能；有时，他们做更多的语法转换练习，目的是锻炼在不同时态和语态下使用词语；有时，他们用适合的连接语将不同部分的话连起来；有时，他们忙于写文章，自选题目或者由老师布置题目。通过以上方法以及一些不需要具体讲的方法，学生们学习如何用英语写作。

除此之外，与以往相比，今年这期班级被要求增加汉译英的学习。为了教会学生们如何翻译，我们尽可能找到一些官方文献及其他公开发表的文章让他们练习。其中一名学生将英文《政治经济手册》（Manual of Political Economy）翻译成中文。在这名学生反复校译和重译之后，由一名中国教师帮他修改译文。广东的一位绅士热心帮助我们支付翻译和印刷这部著作的费用，这本书将出版，并准备在 10 月份考试后分发给获得文学奖的申请者。几名中国教师仔细看过后，都称赞这是一部好作品，所以我相信这本书会得到大家的认可。只要中国人读了这本书，它就会赋予中国人一些重要思想。基督教国度的人们对于这些思想是比较熟悉的，但对中国人来讲，仍然是从未接触过的真理。当我看到这部作品的时候，我感到更加欣慰，因为这是实现马礼逊教育会宏伟目标的开端，即通过汉语将外国的科学介绍到中国。今后，如果我们坚持不懈的话，那么我们或许会看到这件小事将成为启迪知识的曙光。

至于地理课的学习，第一期班级在没有地图的情况下已经通读并且背诵了摩尔斯（Morse）① 的《学校地图集》（*School Atlas*）。这本地图集共四卷，约 75 页，其中夹有地图。或许没有任何课程的学习像地理一样给教师提供那么多机会向学生们传授各种有用的知识。教师们在看地图的时候经常告诉学生某个地方或者国家的历史，以及造成地球上各个国家之间在风俗、语言、宗教和文明等方面不同的原因。所以，学生们普遍认为地理课上的背诵是最愉悦的练习。

年初，第一期班级的学生开始学习代数，使用科尔伯恩的《代数学》（*Algebra*）。他们全面学习简单方程和二次方程、根、乘方以及二项式定理。同时，他们学习欧几里得（Euclid）的《几何要素》（*Euclid's Elements of Geometry*），背诵《几何要素》前四本书，而且复习了两遍。虽然代数和几何两门课促进了学生的学习，但是有些学生与同龄孩子一样，碰到很多难以理解的东西；多数学生已经熟悉这些数学分支，甚至学得和高级学校的学生一样好。

第三期班级的学生也由我亲自指导，他们学习阅读、写作、造句或者写短故事，还学习地理知识、地图草图、心算，在写字板上做加法和乘法运算。这期班级反复阅读三本 12 开本的书，共计 375 页。阅读课总花费很多时间，我在课堂上会问他们问题，给他们解释一些难点，然后让他们到黑板上写下阅读

---

① 摩尔斯（H. Morse），地理学者，参与编辑和出版《学校地图集》（*School Atlas To Cummings' Ancient & Modern Geography*. Phillips est. 1817. Maps engraved by W. B. Annin and M. Butler），并绘制其中的地图，还出版了《地理》（*Geography*）、《地图》（*Maps*）等著述。

的内容。通过这种方式，学生们的阅读技艺明显提高，词汇量与英语知识也明显增加。我们使用的教材是《标准拼写教材》（*Union Spelling Books*）、《读者画报》（*The Pictorial Reader*）和古德里奇的《第二读者》（*Second Reader*）。学生们还阅读奥尔尼（Olney）的《地理入门》（*Introduction to Geography*），这本12开本小册子有100多页。另外，他们学习一些地图草图，尤其是地球仪的经纬度坐标系统，以及欧洲和亚洲的地图。其主要目的是让学生们了解各个国家的相对位置、国家名称。等到学生更加熟悉英语时，我再向他们介绍有关地理的详细情况。

这期班级背诵科尔伯恩《心算》（*Mental Arithmetic*）半部内容，而且对其进行复习。通过背诵，学生的大脑获得了大量训练，能够通过心算做加法、减法、乘法和除法运算并具有分数的基本知识。

第二期和第四期班级是由咩士先生指导的，我下面基本上用咩士先生的原话向大家描述这两期班级的情况。

3月16日，咩士先生开始在学校工作时，第二期班级在学习生理学、算术、地理和阅读，教材是简·泰勒女士（Miss Jane Taylor）的《生理学》（*Physiology*）、摩尔斯的《地理》（*Geography*）与《地图》（*Maps*）、科尔伯恩的《算术》（*Arithmetic*）。阅读取材自《旧约》（*Old Testament*）和《学者文摘》（*Intellectual Reader*）。咩士先生到来之前，第二期班级学生通常与第一期班级学生每周一次背诵地理。开学不久，《生理学》课就被放弃，增加了《地理》和《原创写作》（*Original Composition*）。《学者文摘》被凯特利《英格兰史读本》（*School*

History of England）所取代，这样做是希望学生在阅读获益的同时收获这方面的知识，确保学生的学习效果。现在，每个学生对早期英国历史有了大致了解。不过，这是以学习进度迟缓为代价的，因为《英国史》的写作风格绝非简单，即便把一个段落的所有内容都解释一遍，学生还是不太理解其意思。此后，这期班级使用另外一本书。这本书将历史、故事和描写片段多种形式结合在一起，而且它的风格简单、清晰。算术课主要复习分数这个难点。

最重要而有意思、让人满意的训练就是英语写作，学生们在这门课上取得的进步很明显。学生们刚开始学这门课的时候，他们的词汇量很少，也不怎么会将词语连在一起。正如预料的一样，最初学生们普遍都会出错，做对的很少。现在的情况虽然并非与刚开始时完全相反，但至少学生们都取得了进步。他们写出来的句子意思不再模糊，虽然阐述时还有缺陷，但是已经很清楚了。他们了解更多词语，在实际运用中能恰当地将词语组合起来。

除英语写作这门常规课之外，有段时间我们还给首期班的学生开设了化学课，讲授关于光和热的主题；但到化学元素这一部分时，由于缺乏说明性材料，在课堂上就没有讲这些内容。

起初，这期班级的学生共有4名，后来减少至2名，学生流失的原因在前面的报告里已提到。所以，从8月1日开始，只有两名学生参加每天的背诵。这两名学生进步迅速，而回家养病的另外两名学生可能有所退步。班级规模小可以让学生获得教师更多的直接关注，但小班授课丧失了大班或者人数较多的班级中学生之间互相影响所产生的激励作用。不过，这两名学生的进步已让老师备受鼓舞，我们希望他们取得更大的进步。

咩士先生为第四期班级学生讲授阅读课，学习《汉语》（*Chinese*）和《英语词汇》（*English Lexilogus*）。他在黑板上书写，有时候进行算术中前两个运算的训练。

他们阅读《圣经》、本特力（Bentley）的《读者画报》（*Pictorial Reader*）及其概述的介绍。教师会解释这些书里的每个单词、每句话并要求学生理解。学生们已学完《英语词汇》并进行了复习，他们将这本书暂时搁置一旁，转而使用布朗先生编写的一本书。这些书帮助学生们了解汉语和英语在习语方面的差异，他们还使用皮特（H. P. Peet）编写的《聋哑人入门教材》（*The First Course of Instruction for the Deaf and Dumb*）。最重要的练习是让学生将练习的内容写在写字板和黑板上，包括让学生听写句子、让学生将所给的中文句子翻译成英文或让学生自己写句子。学生的英语知识还很少，但是他们已经取得相当大的进步。他们根据汉语习语所进行的说和写的练习少了很多，词汇量增加了许多。他们在最简单的笔算练习上有所提高，在英语词汇、短语和习语上的收获最突出。与其他班级相比，这个班级比较幸运，只流失一名学生。这名学生是学校年龄最小和学龄最短的，他已经回宁波老家了。其余的学生在学校正常上课期间最多也就缺勤几天。

在上面的报告中，我间接地提到讲授的化学课。我们想试试看第一期和第二期班级学生能够理解多少有关自然科学的知识，我们请求海军医院的外科医生巴富尔先生每星期来学校给学生们上两次化学课。巴富尔先生很友好，答应了我们的要求。化学课从 4 月份到 9 月份连续进行了四个月。起初几节课，教师根据学生上课的笔记做第二遍解释，以便学生更好地理解。但是，当学到元素和混合物的时候，那些化学术语给学生带来太大的困难，以至于学生不能理解。不过，我们的讲课还得继续，直到最后学生们被那些反复出现的专有名词弄得泄气才停止。除一名学生外，所有学生都向学校反映这个科目目前对他们来讲实在是太难了，他们想把时间花在自己能力范围内的其他学习上。不过，那名学生恰好相反，他想继续学习化学。这名学生的年龄最大，当然，他的思想比起其他学生显得更成熟。他在所有的学生当中表现得很突出——总体上看，他非常好学——他乐观、勤奋，投入到所有学校要求掌握的功课的学习中。但是，考虑到只有他自己能够从课上获益，学校决定中断这门课。不过，我们的这次试验并非没有用，它表明学生的心智还处在低层次阶段，不要突然地、非常规地大步跨越到科学领域，特别是自然科学的高深领域。即使母语是英语的学生，如果他以前没有学过拉丁语或者希腊语，他也会被化学、植物学和解剖学里冗长晦涩的术语给弄糊涂。所以，这些术语在正在学习英语的中国男孩看来更加可怕。我相信，有一天中国年轻人会从我们的教育会和类似的机构中学习这些科学知识。但是，凡事都有其顺序。首先，我们要先建立学校与专科学校，之后是学院，这是基督教国家实施教育的过程。在中国，这个顺序应该被颠倒过来吗？凡是在中国从事过教育事业的人都会肯定地回答，中国教育发展顺序一定要和其他国家一样。如果有人试图颠倒这个顺序，哪怕调换这个发展顺序而在思维发展和智育上跳级，他们都会以失败而告终。有人可能觉得，教那些心智上能应付各种科目的学生，比弓着腰教儿童学习字母表更受人尊重、更令人敬仰；然而，在中国从事教育事业的人一定要愿意年复一年教授这些从字母表开始学起的儿童，只有如此，这些孩子才会像他们的恩师一样有能力并跟随老师攀登人类智慧的高峰。

我们没有忽略对学生进行宗教教育。他们每天早晨和晚上都会集合，然后做礼拜，敬拜万民之上的上帝。学生读圣经的时候，我们经常做一些解释性评论，规劝学生们要像《圣经》暗示的那样有虔诚之心。晚上，我们通常都会一起唱圣歌。这时常会有些陌生人在场，他们说这样的情景不同寻常。我们从这里便可以管窥，我们还要在启蒙良知、训练学生的道德能力以恰当行事方面下很大功夫。不论在课室上，还是在私底下，不论是在工作日，还是在星期日，我们都会争取机会向学生们传教，因为我们把他们皈依基督教看作是自己付出努力而取得的唯一令人满意的成果。星期日，学生们除了做礼拜之外，所有的人都会接受宗教教育，内容主要来自《圣经》，有时我们也使用其他书，以便让学生对《圣经》教义有更系统的认识。在过去几个月里，高年级两个班级通常会在星期日仔细阅读《旧约》的大部分内容，到了晚上则回答所读《旧约》部分的问题。两期班级的学生以这种方式阅读《旧约》（Old Testament）中从《创世记》（Genesis）到《士师记》（Judges）的所有内容，特别是其中最重要的历史事件。

虽然我们不能说过去一年里学生们的心灵得到彻底改变，

但是学校教育对许多学生的头脑产生了影响。他们不再怀疑基督教的证据，而且不再怀疑有义务来支持基督教。他们不再敬畏神，很多情况下他们用对无所不在的上帝之敬畏取代了对神的敬畏。他们未来的人生将不会严重违反基督教的戒规，也不会违背他们的良心。我之前的报告里提及一名学生，他多次提出想接受尽可能完整的基督教教育，甚至想出国继续学习。这名学生或许在完成马礼逊教育会的学业之后，将会成为一名合格的布道者，在他的同胞中传播福音。这名年轻学生品性可靠、谦虚、勤奋、明辨是非，我个人非常希望看到他达成自己的心愿，我认为他不会由于国内民众的关注而受到伤害，而对于其他传教士来说这些经常被证明是毁灭性的。如果一个中国人没有受过教育，或者完全没有做好准备去接受他在英国和美国碰到的事物，那么此人可能没有什么优势来做传教士。

此前，学生的一半时间用于跟中国教师学汉语，而此时此刻向大家介绍学生们在中文方面的进步却比较困难。我们之前提到学生将中文翻译成英文，其中一名学生还能将一本英文书翻译成中文，这些事例可以在一定程度上体现学生至少高年级学生对自己母语知识的使用程度。

第一期和第二期班级的学生在学校的最后一段时间里，应该在中文作文上投入更多精力，这非常可取。学生们应该精通自己的母语，这一点非常重要。没有过硬的汉语水平，哪怕这些学生有意施加大范围的影响力，他们也很难做到。为了确保达到这个要求，需要有能胜任的汉语教师给予他们特别关照。因此，我建议明年学校应该再聘请一位教师，他的任务就是负责指导学生们读好汉语，而且确保学生投入大量时间写出的文章能得到他的修改和指正。这种方式不仅能激励学生学好汉语，相应地学生的进步也会很迅速。

第一期班级还有一年零三个月在校学习时间。截至目前，他们已经进行了必要的准备并做了大量的训练。从现在开始，他们的学习必须建立在已经打下的基础之上，努力精通两种语言的知识，并为积极的生活做准备。

应拜访大英帝国的美魏茶牧师的要求，大英圣经公会给学校送来一箱价值 10 英镑的书籍作为礼物。马礼逊教育会为此对他们表示感谢，这些书籍按照规划被放置在学校图书馆。

教育会还要感谢美国圣公会（American Tract Society）和美国联合主日学校（American Sunday School Union），他们通过邦尼先生为学校图书馆添置了书籍。

来自英国的贝尔先生曾经是马礼逊教育会的工作人员，他自己出钱向学校捐赠各种物品，由此可见他对学校的关注丝毫未减少。贝尔先生为学校捐赠以下物品：36 打 / 套福斯特的抄写本、3 打小写字板、两个 2 英尺 ×4 英尺的大写字板可代替黑板、几幅地图、钱伯兄弟（Chambers）著《钱伯实用趣味短文汇编》（*Chambers's Miscellany of Useful and Entertaining Tracts*），除此之外还有一些被褥和钢笔等。之前，贝尔先生曾经对学校做过类似的捐赠，让我们蒙受恩惠。他当时告诉裨治文博士和我，说任何时候学校有需求，我们都可以告诉他，他会马上调配物资。我们学校通过这种方式得到上面提到的那些物品，足够明年使用。

　　我或许没有必要对学校今年的情况做这样详尽的报告，因为我们在去年年会上成立的检查委员会每月（本月除外）都会派一名或更多成员来学校检查。我们对检查委员会这些岁月不辞劳苦来学校检查工作感激不尽。我相信，检查委员会会根据自己的记录向大家展示本年度我们是如何进行教学工作的，而且他们所要报告的内容是有目共睹的。

　　先生们，由于我妻子身体的原因，我提出回美国，非常感谢在座各位一致同意我的请求。在结束报告之前，我要向理事会表示谢意，感谢理事会的理解，也感谢马礼逊教育会各位会员。我提出的建议从来没有被置之不理，你们愿意接受我的大部分提议，让我感到大家很在意我的付出，也让我觉得身上的重担减轻了很多，对未来更加充满希望，所有这一切都让我感到非常幸福。这个时候与各位告别，不得不说我感到非常遗憾，我也非常担心妻子的病情。离开这里，就好像离开了自己的家一样。我照看学校长达八年之久，已经非常习惯这里的生活，在我离开的这段时间里，我会一直惦记这里。我希望祈祷学校来日繁荣，达到前所未有的昌盛。同时，学校能扩大到合适的规模，有效促进马礼逊教育会启蒙中国学生的崇高理想付诸现实。

　　此致

敬礼！

布朗

于马礼逊山

1846 年 9 月 14 日

理事会收到检查委员会的两份报告。该检查委员会由萧德锐先生、凯恩斯先生和布什（F. T. Bush）先生组成，其中一份报告由凯恩斯先生执笔，另一份由萧德锐先生完成。我们高兴地发现，他们在报告中明确地对所开设课程的教学与学生的训练工作表示赞同。为了更好地传达检查委员会的观点，我们提供这两份报告，只省略开头和结论的部分内容。

检查委员会报告（一）

先生们：

在之前的工作中，我们决定选择每月的固定日期作为考试日，考虑到最方便的日子在每月的第二个星期五，故选择这个日子作为月考日。在本年的工作中，委员会只有两次未能履行检查，一次是因为新年假期，另一次是因为我们收到陆路长途信件说当晚要召开会议。

开始，考试范围包括学生学过的所有科目。后来我们发现这样并不利于考试，而每次考试只关注学生当月的课程，是最有效的考试方式。教师通过这种方式可以更快发现学生最近学习科目中的问题，可以在有限的时间内回答更多问题，而考官也可以更加清楚地记录学生们逐月的进步。

我就不谈具体细节了。我亲眼目睹布朗先生及其助手咩士先生对于教学孜孜不倦的关注和耐心，也看到他们向学生传递健全的欧洲教育时所表现的技能和判断力。教学中学生完全理解这一步，才进行下一步的学习。我非常高兴，在此毫无保留地表达我亲眼所见时感受到的满足。孩子们很开心，这充分说明他们的课堂学习很吸引人；他们能欣然面对考试，经得住检查委员会对他们的检测。虽然考试经常在晚上进行，超过平时的睡觉时间，但他们既没有表现出不喜欢，也没有丝毫的萎靡不振。我们从中可以看到，教师的热情感染了学生，学生们对所学知识非常感兴趣。

我参加了所有科目的检查，算术、代数和地理尤其引起我的注意。我毫不犹豫地想表达我对这三门课的看法。尽管学生学习这些科目需要应对许多困难，尤其是他们要使用一门自己尚未完全掌握的语言进行学习，但是他们在这些课程上取得的进步可以与那些以英语为母语的学生相提并论。我认为他们的进步是可信的。他们解决了分数中的难点，在心算中表现得很迅捷，完全掌握了欧几里得的前四本书。下面，我想举个例子来说明学生的收获不是死记硬背而来的：我们给一名学生出了一道命题作文，让他描述一下自己，但不可以用书中的原话。这名学生令人满意地完成了这篇作文。

最后，我想说自己对马礼逊教育会这个机构的价值充满信心，它是向中国人传播有价值的基督教知识的最有效方式。我相信教育会的工作将继续得到在华外国人的支持和资助；我们已经做了很多有益工作，或许在座各位从未见过任何机构取得如此丰硕成果。我想表达的是"我们刚在山顶撒下了种子"，我有信心，这些种子在未来会成长，进而繁殖，直到这片土地的漫山遍野都充满文明的果实，充满高尚的品德，充满基督教最纯洁的教义。

　　此致

敬礼！

凯恩斯

于香港

1846 年 9 月 30 日

检查委员会报告（二）

　　在去年教育会年会上，我们被分派做检查工作，作为委员会成员，我很高兴能够记录教育会一年里令人感到满意的情况。

　　鉴于本月第二个星期五晚上对所有团体都合适，检查小组决定将这天晚上定为月考的日子。每次集中检查时至少有一名或多名委员会成员参加；没有证据表明教育会有意引起人们多大的兴趣，吸引他们不辞辛劳地了解教育会的目标并记录其进步。

　　刚开始，由于学生在陌生人面前很胆怯，再加上检查委员会刚成立，忽视了学生的性格和成就，因此在检查程序和方式上遇到些小困难，但是，有赖于布朗先生丰富的实践知识，加上学生的天资，检查委员会很快克服了困难。我们建立了一项制度，之后的工作一直遵循并坚持该制度，希望这样能够取得好的效果。布朗先生是主考官，后来咩士先生协助工作，而检查委员会提出一些合适的主题和问题，偶尔参加大会的教育会的朋友们也对检查工作提供帮助。由于避免了毫无关联的问题及其干扰，学生们收获的新知识就显现出来，他们一直对学习保持兴趣，我们向他们提出了思考问题的新方式和建议。

我们认为，月考的一个重要作用或许是让那些参加年会的人对学校的工作和运行有个整体印象。在这里，我并不是指学生在学习上取得的进步，因为学生学业的进步或许可以指望精明能干的教师们的指导。我在此特别指出，在这种月考制度下，学生的自信和自立得以不断增强。在任何国家的任何情况下，用学生们明知掌握得不够好的语言作为媒介进行考试，而这门语言恰恰又是考官的母语，这会让学生在各种科目的考试中陷入窘境而难以发挥自己的优势。这些学生来自无知的社会底层，他们的内心曾充满了根深蒂固的偏见，有些人自从来到学校一直难以理解教师的教导及其讲授内容的用途。但是，这些学生表现良好，没有胆怯，没有不知所措。不了解他们的人会觉得这没有什么值得肯定的，但实际上他们应该得到更多的赞誉。

有些高年级学生除学习学校的日常课程之外，还学习汉语、英语及语法、作文、地理、算术和写作。这一年，他们在代数和几何上取得相当大的进步，证明他们具有足够的能力来学习精密之科学。最近，在巴富尔医生帮助下，学校又为学生开设了一门非常有意思的化学课，巴富尔医生为此进行了短小的演讲。

我倾向于建议学校现在引进更综合的学习课程，以利于学校的发展。在布朗先生此次访问美国和英国期间或许可以找到一些有效的方式。

萧德锐

第十三章　马礼逊教育会1847年会议 [①]

　　马礼逊教育会学校将有一段时间不能享有尊敬的布朗夫妇的指导和照管，相关信息可参考《中国丛报》上期内容。布朗夫妇于1月4日星期一离开广州，登上吉莱斯皮船长（Gillespie）掌管的"女猎人"号（Huntress）轮船去往纽约。我们有幸陪伴布朗夫妇，护送他们到达虎门码头。他们赶上了这艘轮船，它因涨潮而停泊在虎门。布朗夫妇于5日星期二上午10点钟登船启航。布朗夫妇带着他们的两个孩子茱莉娅（Julia）和约翰·马礼逊（John Morrison），以及三名学生亚成（Ashing）、亚闳（Awing）、亚富（Afún），这三名学生是教育会学校高年级学生，他们将在英国或者美国完成自己的学业；布朗夫妇满怀希望地把他们带到英国或者美国学习，而这正是在华外国人社区中大多数人的愿望。

　　由于布朗夫人身体虚弱，布朗夫妇此次必须离开广州赴纽约疗养。布朗先生离开中国的两年期间，受马礼逊教育会理事会委托，"作为教育会信赖的代理人，为教育会学校扩大规模和持久运营而筹集资金"。布朗先生于1839年2月23日到达中

---

① 译自《中国丛报》1847年1月第16卷第1期"时事报道"第54页至第55页和《中国丛报》1847年10月第16卷第11期第568页：马礼逊教育会成员及友人第九次年度会议于1847年10月25日晚7时召开。

国，同年 11 月 4 日在澳门开办学校，首期招收 6 名学生。这次随他到英国或者美国读书的 3 个学生就是从这 6 名学生中挑选的，而在校学生在他离任期间将接受绅士们的资助而无须向教育会缴纳任何费用。学校在咩士先生的照管与指导下持续办学。我们的读者将有幸获悉，教育会大致在下月底中国春节过后马上实施招收新班级的计划。该计划进行八年的个体资助来保证和支持每个学生完成学业，每年资助 35 美元。我们听说的这个新班级限定 12 名学生，其中的四五名学生已经选定；我们相信该计划即将全面展开。

出席人员：史丹顿牧师、怜为仁（Dean）先生、克利兰先生、菲尔波茨（Phillpotts）上校、伯顿上尉、托德中尉、唐纳德·麦地臣先生、麦基恩先生、罗伯特·斯特罗恩先生、奚礼尔先生、斯克林杰（Serymgeour）先生、化林治（Framjee）先生、霍尔德弗斯（Holdforth）先生、克拉坎斯鲁普（Crakanthorp）先生、英格利斯先生、萧德锐先生、伯德先生、巴富尔先生、迪尔先生、马什（Marsh）先生、托泽（Tozer）先生、马修斯（Mathews）先生、德林克（Drinker）先生、美在中（Meigs）先生、迈尔斯（Miles）先生、温特沃斯（Wentworth）先生等。

会长与副会长均缺席，大会由财务主管唐纳德·麦地臣先生主持。主持人做了简短开场白后，在会上分别宣读所附理事会报告、咩士先生的报告和财务报告。委员会一致通过以下决议：

1. 怜为仁先生提议，罗伯特·斯特罗恩先生附议：理事会接受刚刚在会议上宣读的报告，报告将在合适的办公人员的指导下刊印。

2.巴富尔医生提议，萧德锐先生附议：作为临时措施，副主席人数从 1 人增至 3 人。

3.迪尔医生提议，英格利斯先生附议：理事会对检查委员会去年的工作所带来的有利影响感到满意。因此，他们决定继续实施该项措施并将其作为教育会的常设规则——三人检查委员会和教育会其他工作人员一样，每年任命一次。

4.史丹顿先生提议，麦基恩先生附议：教育会感谢咩士先生在布朗先生缺席期间承担其责任并有令人满意的表现。

接下来，教育会对办公人员进行选举。在主持人提议下，我们采纳与上次大会同样的过程——大家举手表决，根据在场成员投票而定。大家一致同意选举产生新一届马礼逊教育会理事会：

名义赞助人：德庇士爵士

会长：裨治文牧师

副会长：坎佩尔（A. Campell）先生、唐纳德·麦地臣先生、菲尔波茨上校

财务主管：本斯（H. P. Burns）先生

通信秘书：奚礼尔先生

记录秘书：斯图尔特（J. Stewart）先生

审计员：约翰·登特（John Dent）先生、莫斯（W. H. Morss）先生

检查员：巴富尔先生

医生：哈兰德（W. A. Harland）医生、斯蒂德曼牧师（Rev.

S.W. Steedman）

大家表决，感谢唐纳德·麦地臣先生担任代会长期间所取得的业绩。大会休会，与会者紧接着出席学生的考试。

第十四章　马礼逊教育会 1848 年报告 [①]

　　理事会在去年 11 月会议后出版了这份报告，包括大会会议记录（见《中国丛报》第 17 卷第 596 页），以及附有各种补充性报告和附录的理事会报告。第一份报告以理事会希望做什么的思考开头，得出的结论是理事会缺少必要的方法和方式，甚至无法维持在做的工作或无法完成已投入的工作。他们提到图书馆已被转移到更接近中心的位置，这样图书馆使用起来更方便；同时，他们已考虑在城镇里建一所预备学校，招收中国的年轻人和其他人，学生可以从预备学校被招收到总校去学习，而总校转而着手培养教师。报告提到理事会调查学校课本的适用性结果，也提到学生离开学校后教育会对他们的管控很少的情况。此后，报告继续讨论布朗先生的使命。

　　我们收到布朗先生的来信。考虑到当前欧洲的不稳定状况，政治及商业因素，布朗先生认为现在访问大英帝国不合时宜，所以他继续留在美国。布朗先生已经筹集 750 美元的资金并"获得一项保证，即每年拨款或相当每年拨款的物资，可连续拨款 8 年，预计可能达到 6000 美元"。布朗先生说他不确定

---

① 译自《中国丛报》1849 年 1 月第 18 卷第 33—43 页：马礼逊教育会第十次年
　　度报告（大会于 1848 年 9 月 30 日召开）。

是否能够早些回中国，他此次返回美国主要是为了照顾布朗夫人，使她恢复健康，所以我们担心他的目标还没有完成。然后，布朗先生满意地说起自己带到美国的三位中国青年①的行为举止和取得的进步，以及他本人对教育会的不断关注，他确信教育会采取的教育方式会给中国人带来好处。布朗先生最后提到："我认为自己越来越清楚地看到，如果我们不想让中国一直处于墨守成规的无知和封建的状态，甚至更糟糕的状态，那么教育会就一定要做计划的工作，否则中国社会将每况愈下。从过去的经验来判断，在与外国交流过程中，除非是提高国民的智力和美德，否则不断增多的交流一方面会减弱中国古老传统的影响力，而中国正是得益于这种影响力才存在和繁荣起来，另一方面不会给本国带来什么好处。"此外，"我们需要依靠这样的本土机构，主要通过做培训以实施我们的教育计划。现在，我没有减弱对该计划可行性的信心，依然很坚定。我在同中国人交谈时没有发现哪个人反对这个计划，多数人公开表示，如果这个计划真正推行的话，他们相信通过我们教育会的努力，中国将会受到启蒙而成为一个信仰基督教的国家"。

接下来讲到最重要的事项。在此，我们引用理事对基金情况的介绍及其对捐献和捐赠减少的解释。

去年4月份，鉴于不景气的资金状况，我们提议起草一份

---

① 这三位跟随布朗校长赴美学习的中国青年是容闳、黄宽、黄胜。

教育会宣言并将之公布于众，希望以此来唤醒本地人，使其更加积极地关注这里的教育；在此之前，出于礼仪的考虑，我们首先需要将这份宣言递交给香港总督，敦促港督优先为我们提供更多的政府资助。我们发现，从教育会记录来看，璞鼎查已批准政府资助。他同意每年为教育会拨款 1200 美元，他的继任者也同意给予我们政府资助。然而，这笔资助在支付之前，文翰先生（H. E. Mr. Bonham）接任璞鼎查的港督职务并撤回这项批示。后来，我们发现这是难以解释清楚的误会造成的；在政府同意资助之前，教育会即使突破一些规定而将自身置于不利的情况下，也要服务于政府。为了恢复这项政府资助，理事会代表团带着上文提到的教育会宣言拜访了英国女王全权特使文翰先生，我们把这份宣言作为附录附在报告后面。经过一系列沟通和交流以及理事会内部的大量讨论之后，教育会接受港督大人德庇士提出的条款。只有接受这些条款，总督才会同意建议大英政府恢复璞鼎查先生曾经拨给教育会的政府资助。我们高兴地看到教育会会长禆治文博士也完全赞成我们的决定。我们接受此条款的信件摘要能最好地解释这一切，摘要如下："考虑到此事对大英帝国有利，我们接受文翰先生提出的条件，即'现在学校对中国青少年开放的同时，也要以各方面同等的方式录取欧洲青年人'，从此以后恢复港督璞鼎查所许诺的每年 1200 美元的政府资助。'我们也采纳港督大人有权利提名 6 个男生进入学校读书的建议，而且在提名人数不足时，可以随时补缺。'"在回复中，我们感觉总督大人并不希望给这些提名者（全部或者部分欧洲人）的教育和资助比给同等数量的中国学生多。英国处理建议资助的回复预计不会早于 12 月或者明年 1 月，所以英国的回复对我们有利还是相反，我们无从猜测。

总而言之，我们要直截了当而毫无保留地将目前所面临的几近崩溃的资金状况向教育会说明，虽然这不是件受欢迎的事。我们尽力增补资金，结果仍然是入不敷出；如果不是一位好心会员同意当出纳并承兑透支汇票的话，恐怕我们已被迫提前召开大会来寻找脱离困境的出路了；如果找不到出路，我们的学校接下来就要被迫关闭。我们在教育会学校刚创办时就深刻意识到它的重要作用，教育会遭遇目前的窘境，我们感到非常遗憾。如果能够早些预料到这种结果，我们之前就会更加节俭，最起码不增加目前的这部分开销。然而，似乎又有不同的结论。由于我们向英国申请调配教师没有成功，1846 年 3 月，咩士先生来到马礼逊教育会，成为美国来华的第二位教师。正是在这个时候，有人提出将学生的数量增加到 60 人，大多数人乐观期待，这样可以促使人们给学校更多支持。然而，这些美好的希望破灭了。由于布朗夫人生病，布朗先生本人身体欠佳，他们必须回美国进行治疗和休养。随后咩士先生接管学校，他的薪水就不得不提高，这些不在预算内的项目增加了相当大的额外开支。另外，需要支付两名而不是一名教师的工资；教育会还负责支付差旅等不定的开支。然而，学校指导的学生数量并未增加。虽然布朗先生的访问最终可能为教育会带来益处而非损失，但是这还不确定。不过，我们当下要为布朗先生支付差旅费。教育会每年可支配的固定收入来自马礼逊资助款 950 美元，其他的收入来源于自愿捐助。如果自愿捐助按 1400 美元（多于去年募集的数目）计，那么我们每年共有 2350 美元；假设每年的开支是 4775 美元，那么我们就有 2425 美元的亏空。如果学校将教师数目减少为原来的 1 名，那么我们的花销将是 3375 美元，一年仍有 1025 美元的亏空。如果我们能够得到预期的政府资助，那么将会达到收支平衡。

造成目前令人惋惜的结果之原因是显而易见的。在教育会建立初期，我们是中国唯一的西式教育机构，得到社区居民的鼎力支持及捐赠。我们拿当时的捐款单作为参考，100 美元、500 美元的捐款比比皆是，甚至有人一次捐款 3000 美元，这与稍后的捐款数额形成鲜明对比。如今，中国每个基督教教会机构都在加强自身的教育权力，而只以基督教慈善事业的广泛原则来运行的马礼逊教育会，要么被全然忽视，要么就是其要求被轻视而得不到支持；再加上在华外国居民原来集中居住在澳门和广东，而现在分散在五大港口的不同社区，这些居民自然不乐意将钱捐给马礼逊教育会，因为教育会与那些近在咫尺的教育机构不同，他们无法对教育进行监督管理；加之最近中国商业萧条——我们有足够的数据来证明捐款人减少的数量要比报告中显示的多。1845—1846 年，捐款共计 3092 美元；1846—1847 年，捐款额为 2390 美元；1847—1848 年，捐款额下降至 1366 美元。我们希望最后的数字就是最低值。

先生们，现在要靠我们在座诸位提出解决问题的方案。我们的任务只是将这些事实呈现给大家，但是，在讨论这个问题时，我们可以提及一个建议，我们觉得这也许值得大家考虑：教育会建立在医务传道会（Medical Missionary Society）的基础之上，只是一个传教活动的辅助机构。医疗传教会并不给任何人或机构提供资金，而是提供药品及其他必需品的帮助，负担他们在香港之外使用医院和住所的费用。马礼逊教育会也可以按这样的方式来操作，并要与教育会的原则严格相符。事实上，这是医疗传教会开始运行时使用的方式——它没有自己的学校，但是它会给予澳门、新加坡及其他地方的学校以帮助，只要理事会认为这所学校值得帮助。如果我们学校的教师可由传教组织提供，那么我们的资金便足以应付其他偶然开支。届时，理事会对于学校操作的控制权会被减弱，但是理事会仍然有足够的权力来决定拨款及款项的使用。

上述建议及其他的方案留给在座各位审议，至此我们的报告就要画上一个句号了，我们的任期也即将届满结束。希望我们的所为能够得到在座各位的认可，也希望新一届理事会能够设计有效的方案来拯救这所学校免于解散。马礼逊教育会学校是在华学校的先驱，它将带动后继学校的提高和发展；马礼逊教育会作为运作此类学校的第一所教育机构，必须谨慎行事，在中国人中树立良好形象，为把中国塑造成信仰基督教的国家做出巨大贡献。

从财务报告来看，目前教育会所有来源收入总计为 3810.15 美元，然而开销总计 4300.44 美元，9 月 30 日的财政赤字为 489.59[①] 美元。除非捐款数目大幅度增加，或者当地政府允诺

---

① 　原文如此。此时财政赤字应为 490.29 美元。

的拨款能够到位，否则我们不得不面对巨大的财政亏空。截至
1849 年 10 月 1 日，赤字可能上涨到接近 3000 美元。我们承认
理事会所陈述的扩大收入之艰难，但是我们没有失去信心，我
们相信教育会在中国的朋友们愿意且有能力支持教育会的运营。
我们在道德、精神和教化上的优越归功于我们对基督教和科学
的并重教育。理事会和学校的教师都希望在这种优越性的影响
下给予每个学生基督教和科学知识的教育；我们认为，我们从
这种教育中受益良多，我们不会拒绝将同样的恩惠赠予同类的
中国人。理事会谈及最近的经济萧条，认为这是造成我们收入
减少的一个原因，但是，这个理由是站不住脚的。虽然我们的
中国朋友在经济萧条中遇到困难，但是他们肯定不会立刻抛弃
那些值得坚持的事情。另外，即使中国朋友的财富在经济萧条
中丧失殆尽，他们也会像莱顿（Leighton）先生建议的那样，在
钱财流失之前把部分金钱投放在善事上。毋庸置疑，教育会应
该行善事，教育会终将取得预期的成功，咩士先生的报告将对
此给予满意的解释。

咩士先生致马礼逊教育会理事会的报告

先生们：

　　由于我们的检查委员会今年履行了其每月的检查责任，记
录学生的进步并以此为依据做出报告，这样我就没有必要报告
学生在这一年所取得的进步了。如此，我的报告便可以轻松些，
这也是好事。同时，倘若我在学生的进步方面做报告，我很可
能被认为是在袒护学生，而检查委员可能随时打断我的报告，

所以现在我很开心可以摆脱此境遇了。接下来，我只对学校的外部条件做些陈述，仅涉及我们检查的范围，至于我们怎样做到的，就留给其他人来讲吧。

学校今年并没有经历太大的变化；学生数量几乎没有改变，没有录取新生，没有学生死亡，从上次年会至今没有学生被开除。现今有两名学生缺席，该状况已在第三期班级的具体报告中指出。今年有一次不寻常的疾病入侵学校，但没有严重的或令人担忧的病例发生。尽管疾病的特性比较温和，但是生病的人数还是不断地干扰一个个班级的学习：我已经在每班的报告中提及此事。流行病间歇热已在马礼逊山上绝大部分中国人中间传播开来。

今年大部分时间我都没有助手帮忙，因此时间大都被限制在学校的课室里。但是，今年九月初，从美国来的一名中国青年①来到学校，减轻了我的部分工作。

学生的学习情况几乎没有或完全没有体现什么新内容，我们这里提及的大多数书都在之前的报告中出现过，构成同级或者高级班级的部分学习内容。但是，我相信，新颖的事物并不是我们学校广受欢迎的依据。学校不再是新颖的事物，不再是个实验场——实验中的问题让人特别感兴趣甚至有些兴奋；学校已成为一个机构，它为明确的目标去努力并采用所有人都熟悉的方式和手段，学校正是建立在成功使用这些方式带来的巨大利益之上，而且学校宣称是建立在大众的利益之上，而不是建立在昙花一现与未经试验的方案之上。

---

① 这位中国青年可能是因病回到香港的黄胜。

　　第一期班级包括 3 名学生，他们阅读凯特利的《英格兰史读本》，包括从都铎王朝的开创到英联邦的建立。他们没有试图死记硬背这些历史事件，因为这些练习只是为阅读而做的；但是，学生们已对这本书的主要内容，即大英帝国历史上最重要的部分有所了解，在理解英语句子的意思和结构上取得了很大进步，这也使得他们以后能够相对容易地学习英国历史及其他历史。学生们去年重新学习代数，他们已经学到二元方程式，可以解决已学部分的所有问题。学生们投入精力学习《自然哲学》（*Natural Philosophy*），但由于我们实在太缺乏设备来说明所学的主题，这使得学生的进步很慢，有些不尽人意。写英语作文是一项主要的练习，通常进行原创写作，有时进行中翻英的练习。学生们在该练习上投入了大量时间和精力，他们的进步令人振奋。尤其是其中一名成员的进步非常大，他描写自己熟悉的一些地方，描述既新颖又富有想象力；我们从他写的文章中可以看出他的书没有白读，他从书本中获得的一些思想已经被加工和融通为自己的想法。这个学生着实要比同班的其他同学出色；但我经常会感到很遗憾，因为他没有更大的圈子以便于从中找到与他同样聪颖好学的人进行交流，进而两个人可以共同进步。这个班级人数逐渐减少的问题以前就遭到大家的抱怨，对此我们无须在这里再多说什么；但是，这在未来似乎是个可以很容易被避免的事情，所以我禁不住再次提起，以引起大家的注意。

　　去年合在一起上课的第二期和第三期班级，今年又分开上课了。

　　第二期班级共有 6 名学生，所有学生都天资聪颖，在过去一年的学习中总体上表现得用功、勤奋。除少数篇章外，他们已通读《第三读者》并复习了部分内容。在这个课堂上，他们首先仔细地阅读，然后尽量给出每个词语的意思：在时间允许或需要的情况下，我们详尽或简洁地讲解学生们不认识的词语和各种句子。在算术方面，学生在去年结束时还在学心算。在这一年中，他们开始学习算术的奥秘。由于不可避免地使用听起来很难的术语，算术的神秘性就极大地增加了：确实，直到现在，学生们还经常被包含大量"密码"的纯粹数字概念弄糊涂。他们已经完全掌握了加法、减法和乘法，大多数学生能够算出除法算式的结果，但除法运算过程的复杂性有时候让学生无从下手。在地理方面，学生们再次复习了地球大体分界，并开始对每个区域进行更加具体的学习。在一年的大部分时间里，学生们每周都要写作文，有些人的作文取得了明显的进步。他们偶尔会有在黑板上写句子的练习。

这期班级的学生受到疾病的些许困扰。一位学生的两条腿感染肿胀，两年前我们提过此事，之后他的腿数次不能行走；今年该生的学习因此中断两次。还有一名学生患有寒热病，一两周缺席三四次。其他的学生都还比较健康，没有患病。

第三期班级在今年年初有8名学生，其中最小的学生由于身体不适在新年假期回家了，在开学时并未返回学校，从此以后我再没有听到他的消息，只知道他生病并待在香山的家里。这位学生离开学校的时间太久，即便他现在还活着，我担心他也不会再返回学校了。另外一位北方的学生连续几个月被寒热病所困扰，如果整个夏天他继续待在学校的话，他的病情预计不会好转。所以，我接受去北方出差的提议，把他带到上海。

此行他获益颇多，但他是在别人照管下送到上海的，他继续行程去宁波时，没有给宁波的资助者展示有关自己离校原因的任何说明。他的赞助人以为该生是因为某种不为人知的原因而被学校开除的，便把他留在了宁波。我已经给这位学生写信，希望不久之后我们能够见到他返校。原来第二期班级的一位学生被送到这班学习，他曾经是个非常棘手的男孩，现在却成为我们学校最优秀的学生之一。

班里的学生们学习阅读、地理、算术和作文课。学生们通读古德里奇的《第二读者》（Second Reader），与第二期班级学生学的《第三读者》（The Third Reader）类似；学生们不仅查阅字典，还将课文中大部分生词的意思写在纸上。总体上，大家都很勤奋，取得了很大进步。他们通过阅读课提高了有关词语和短语的知识，在作文中学会用这些词语和短语造句。他们每周交一次作文，将修改后的作文抄写在专用的本子上。在地理和算术方面，第三期班学生直到最近才与第二期班学生一起背诵。整体上来讲，他们与第二期班学生取得的进步不相上下。万事开头难，一旦他们克服了最初的巨大困难，在下一年就会比上一年取得更大的进步。

这三期班的学生每天都会描摹福斯特的抄写本，有的学生写得一手好字；每个人都努力将自己的抄写本保持整洁。每天早晨学校开始上课时，学生们还阅读《圣经》的一个章节。在条件允许的情况下，教师会对《圣经》进行讲解，加强学生的理解。一年来学生通过晨读与晚间的祷告几乎通读了《先知书》以外的所有《圣经》内容。

第四期班级由咩士夫人（Mrs. Macy）管理。咩士夫人接管该班，这让我马上轻松了，同时她为学生们的进步做出了很大贡献，因为之前这些学生无法从我那里得到应有的关注。在今年的大部分时间里，这个班级的学生们接受了连续指导，每天至少两个小时，这比其他任何班都要多，同时他们取得了相应的进步。

然而，这期班级与其他所有班级一样表现出一些不足。由于学生来校的时间不同，他们实际上分成三个水平，需要三种不同的背诵进度。去年3月入学的一名学生取代另一名年龄较小男孩的学位，这名男孩应父亲的要求被转送到伦敦传道会下属的学校。这名新生非常用功，也很聪慧，他差不多赶上了1847年8月入学学生的进度，可能很快就会被单独分配背诵任务。这个班的学生一直在学习阅读、拼写并在黑板上听写词汇；当其他学生背诵时，他们在自己的写字板上学习加法、减法和乘法，并以此作为一种娱乐和消遣，他们对此很喜欢，也很适应。他们已经通读了《读者画报》（*Pictorial Primer*），三个年龄最大的学生还阅读了《读者画报介绍》（*The Introduction to the Pictorial Reader*），以前该刊物经常用作低年级学生的阅读材料。

在这一年里，所有学生都在继续学习中文。他们每天利用早饭前的一个半小时和下午的时间来练习中文。在这件事上我们的监督主要是保证学生准时上课，至少他们要在课室里表现出用功。在即将到来的一年里，我打算至少监督管理低年级的学生，而且每周都会进行一个小测试来检验他们课本学习所取得的进步。鉴于高年级学生的学习特点，我是绝不会去"打扰"他们的。在上次报告中我提到学校缺少教师，现在我们已经满意地找到一名品行端正的学者。作为一名忠诚的教师，他胜过我认识的所有受雇的外国人。在他的指导下，高年级学生正在寻求用一定的技巧进行中文写作；在座各位如果有意了解这些学生所取得的优异成绩，他们的作品可以任由大家查看。

我们不断寻求提升学生的智力，即用知识来充实他们的头脑；我们对学生进行谆谆教诲，要求他们在基本原则指引下充分利用其获得知识的能力。学生们每天都集合起来诵读《圣经》并加入对唯一信奉的真实上帝的祈祷；早晨的练习是用中文进行的，这样有利于在校学生的学习。我们利用这些或者其他合适的机会向学生宣讲，并规劝他们说信奉宗教是个人的事，要求每个人承担责任。我们经常给学生讲上帝恩赐的教义，同时试图从自然和《福音书》体系向学生传达人和造物主之间的正确关系。安息日（周日）是对学生进行更具体指导的时机，天气好的时候，学生通常去参加某地的公共礼拜。虽然我们非常想告诉大家这些努力所取得的成果，但是我知道这不在自己的权力范围内。我非常高兴地提到我们的一两项成绩，它们促使好种子生根发芽，并有希望结出丰硕的成果。巨大的变化虽然还没有显现，但是当我们回顾去年的辛勤劳动时，学生们对宗教事实有了一般的了解，能够欣赏正确的原则，至少有一定的能力进行适当动机管理，这些足以让我们感到鼓舞。在很多人的内心中，曾经被异教教育泯灭的道德心已经被唤起，而道德的力量多次显现。学生们具有更高标准的正直和诚实品质，仅此一点回报就值得所有的付出。总而言之，学生们接受了我们这样的指导和教育，我们有理由相信他们在走进社会的时候可以避开周围的各种诱惑；随着他们的思想不断成熟，他们不断反省自己，他们将会被引导虔诚地信奉基督教的伟大真理。在宗教知识方面，一些学生让我很惊讶，他们对《圣经》的历史及其所实施的教义都掌握得极其精确；在整个中国，几乎所有的人都是异教徒，这些人见到传教士或者别人提出一些话题时，只是稍作询问后便形成对于《圣经》的扭曲看法，所以，对于这些学生来说，对《圣经》教义形成正确的印象并非小事。

至于我们教育会努力取得的成果，我非常乐意对已经离校的六个年轻人说上几句好话。这一年一直待在美国的三名学生十分勤奋、认真，表现很突出，照看这三名学生的人感到非常满意。布朗先生大部分时间都在出差，很少和学生们在一起，而从学生写给其赞助人的信函里可以看到其详尽叙述。我相信，这些信函作为学生进步的实例及其勤奋好学等优良品质的间接证据，让他们的赞助人感到很欣慰。这三名学生此次回国受到大家的热烈欢迎，大家也殷切期待他们有所作为；除了教育这三名学生，使他们在学习上取得成就，我们也非常期盼他们变成虔诚的基督徒。这三位学生在各自环境下做事规矩，赢得上级的信任。其中一个在地方行政长官的办公室作译员，另一个同样有能力的学生在登记总干事的办公室任职，我经常能够看到他们，从他们的雇主那里总是听到对他们的夸赞。第三个学生在冬天的时候去了上海，在英国驻上海大使馆谋到职位——两年前他是学生时就在那里担任此职位。香港的一名学生也证明我们所传授的知识并没有白费，我们希望他能够成为时代的有用人才。

如我们在上次年会上决定的一样，我们的月考已经恢复，这一年中曾经中断过一两次。这些考试，或者更确切地说，这些展示，其目的是使得我们学校的运营特点被我们的朋友们了解。学校需要那些对我们学校的规划感兴趣的来访者的鼓励。由于一年大部分时间白天都很热，而我们学校离市中心又有一段距离，这使得来访者几乎不可能赶在学生通常的诵读时间来访问；因此，我们固定一个时段，在这段时间里学生可以向好奇的人们展示自己学会的知识及取得的进步。我希望越来越多的人更有规律地来学校参观，虽然这种学习的性质使得连续听一系列考试内容非常乏味，但这对学生非常有益。学生们从中可以体会到，自己的进步受到了重视。与其他活动相比，通过出席月度考核，大家可能对实施教育会规划所获得的结果有更加正确的理解。例如，一段时间以前，如果一个人达到一定年龄就可以申请做服务生；而最近的一份报道说，在我们学校读书的一个男孩成为了记分员，而事实的真相是两年前一个被我们学校开除的男孩受雇于澳门金星门港，担任记分员。那些费心劳神参加考试的学生永远不会相信，我们学校的真正校友会做服务生或记分员；这种对我们学校名誉造成损害的报道也不应该被散布。当一个人身处不相称的环境却声称是我们学校的学生时，他的处境本身就说明他在装模作样，表明他并不是我们学校的学生。

　　这些年来，英国慈善界的朋友们一直为学校提供字帖和其他文具，而我们目前的储备几乎要用完了，或许学校的朋友们能够帮助我们解决这个问题。在此，我说一下学校所急需的一两样必需品。我们在年底将会需要一批新字帖，我见过最适合学生练习书法的是福斯特牌字帖（Foster's Post Copy-book），从第一册到第十二册。我已经提到，我们急需所有学科的教学设备；购置适量的重要设备将为学校提供很大帮助，或许我们的朋友能够满足我们这方面的需要。在展现不同学科领域时，一台放映机或许会使我们的教学即刻变得生动活泼而有指导性。当解释抽象的概念时，带有附件的小抽气机以及各种带有发电机的机械动力设备，将为课堂讲解提供广泛的有趣信息。亲眼目睹各种各样机械设备的展示会给学生们带来长期、持续的激励，使他们更加勤奋地去探求那些比较抽象的事物。如果学生不是亲眼看到展示的话，就很难掌握这些知识。

今年由于台风的原因，我们教育会的房屋受到很大破坏，部分房屋的房顶被台风掀起，部分房屋因椽子受到损坏而变得很不结实，后来有些房子就倒塌了。因此，房舍修复工作势在必行，由于上好材质的建筑材料紧缺，使得维修只能使用次等建筑材料，不过，修复后的屋顶将胜过以前。

我们教育会要感谢合信医生、赫歇博尔赫医生、哈兰德医生，他们在不同的时间给我们学校的患病学生提供个人服务。在此我还要向所有对学校感兴趣的人表达谢意，是他们鼓励着我努力工作。竭诚为您效劳。

此致

敬礼！

咩士

于马礼逊教育会

1848 年 10 月 10 日

任何读到咩士先生这封信及之前马礼逊教育会报告的人士都会把教育会中断运营归咎于在华外国人。我们认为教育会不会终止对华教育的努力。既然我们已经阅读了报道并召开了大会，我们将采取措施增加学校的捐款数额，或者按照理事会提出的建议将学校置于某个传教会名下，但教育会保留对自己的资金和房屋的监管权。我们收到布朗先生的来信，信中说由于布朗夫人的健康原因，他不能返回中国，因此他辞去在教育会学校的教职。他的这个决定在前面的信件里已提及，它将进一步促使理事会尽力得到政府的年金或者得到某个传教会的帮助，传教会有自己的收入和捐款，将会为其计划提供安全保障。

译后记

　　1834 年 8 月 1 日，基督新教入华传教士马礼逊博士（Dr. Robert Morrison，1782—1834）逝世。在华外国人为了纪念这位传教士汉学家并传承其所开创的事业，筹备组建马礼逊教育会。1836 年 11 月 9 日，马礼逊教育会成立大会在广州美国商行 2 号召开。根据《马礼逊教育会章程》的阐述，马礼逊教育会旨在"以学校和其他途径促进中国教育发展"。马礼逊教育会持续到 19 世纪七八十年代，在近代中国引进西方教育模式和推行启蒙教育方面发挥了一定作用。

　　《中国丛报》登载的《马礼逊教育会年度报告》（1839 年、1840 年的年度报告未收录）详细记录了马礼逊教育会从筹备成立到 1848 年期间的活动，包括马礼逊教育会日常运作情况、教育会学校学生的书信精选、学生终考范文及图书馆书目等。广外"中华文化国际传播译丛"收录《马礼逊教育会纪实（1835—1848）》，旨在呈现马礼逊教育会的发展历程，为相关研究提供史实参考和史料借鉴。

　　在这里，译者要特别感谢人民出版社贺畅编审和卓然编辑。从文字的校译与编辑，到诸多细节和遗留问题的查证与解决，再到出版过程的各环节，他们一直默默打造和润色这部书稿。感谢广东外语外贸大学毕业的硕士研究生吴媛枫（现为美国马里兰大学公共管理学院硕士研究生，国家留学基金委资助公派留学生）。校译稿中密密麻麻的圈点符号和字迹凝结着这些劳动者的汗水和智慧，向他们致以真诚的感谢！

广东外语外贸大学

王　海

2023 年 2 月 26 日

责任编辑：贺　畅
文字编辑：卓　然
封面设计：武守友

图书在版编目（CIP）数据

马礼逊教育会纪实：1835—1848 / 王海，张丽冰
　辑译 . —北京：人民出版社，2023.12
ISBN 978 - 7 - 01 - 025688 - 7

Ⅰ.①马…　Ⅱ.①王…②张…　Ⅲ.①教育史—广州
　—1835–1848　Ⅳ.① G527.651

中国国家版本馆 CIP 数据核字（2023）第 095919 号

马礼逊教育会纪实（1835—1848）
MALIXUN JIAOYUHUI JISHI（1835—1848）

王　海　张丽冰　辑译

人 民 出 版 社 出版发行
（100706　北京市东城区隆福寺街 99 号）

北京九州迅驰传媒文化有限公司印刷　新华书店经销

2023 年 12 月第 1 版　2023 年 12 月北京第 1 次印刷
开本：880 毫米 ×1230 毫米 1/32　印张：8.75
字数：189 千字

ISBN 978 - 7 - 01 - 025688 - 7　定价：43.00 元

邮购地址 100706　北京市东城区隆福寺街 99 号
人民东方图书销售中心　电话（010）65250042　65289539